Kaiser Traktate

Erinnern, nicht vergessen
Zugänge zum Holocaust

Herausgegeben von Martin Stöhr
unter Mitarbeit von Ulrike Berger, Petra Heldt, Helmut Just
und Peter von der Osten-Sacken
im Auftrag der Arbeitsgemeinschaft Juden und Christen
beim Deutschen Evangelischen Kirchentag

Chr. Kaiser

CIP-Kurztitelaufnahme
der Deutschen Bibliothek

Erinnern, nicht vergessen: Zugänge
zum Holocaust / hrsg. von Martin Stöhr
unter Mitarb. von Ulrike Berger . . .
im Auftr. der Arbeitsgemeinschaft Juden
u. Christen beim Dt. Evang. Kirchentag. –
München: Kaiser, 1979.
(Kaiser Traktate; 43)
NE: Stöhr, Martin [Hrsg.]; Deutscher Evangelischer
Kirchentag / Arbeitsgemeinschaft Juden u. Christen

ISBN 3-459-01210-2

Printed in Germany.

Umschlag: Ingrid Kellner, München.
Gesamtherstellung: Georg Wagner, Nördlingen.

Verdrängen hält die Erlösung auf,
Sich erinnern bringt sie näher

Inschrift
nach einem Wort des Baal Schem Tow
an der Gedenkstätte Yad Washem
in Jerusalem

Inhalt

Stimmen und Erfahrungen

STIMMEN UND ERFAHRUNGEN

Solidarität

›Wer euch antastet, tastet meinen Augapfel an‹ (Sach. 2,12). Gottes Augapfel kann aber niemand antasten. Und so kann man zwar auch die Juden zwar verachten und hassen, unterdrücken und verfolgen oder auch assimilieren, aber nicht wirklich antasten, nicht beseitigen, nicht auslöschen. Sie sind das einzige Volk, das fortexistieren muß, so gewiß Gott *Gott* ist, so gewiß das, was er laut der Botschaft der Bibel gewollt, gesagt und getan hat, keine Laune, kein Scherz, sondern ewiger Ernst war, *das Thema* alles kreatürlichen Geschehens zu allen Zeiten.

Karl Barth

Martin Luther *1523*

Denn unsere Narren . . ., die groben Eselsköpfe, haben bisher also mit den Juden verfahren, daß, wer ein guter Christ wäre gewesen, hätte wohl mögen ein Jude werden. Und wenn ich ein Jude gewesen wäre und hätte solche Tölpel und Grobiane gesehen den Christenglauben regieren und lehren, so wäre ich eher eine Sau geworden als ein Christ. Denn sie haben mit den Juden gehandelt, als wären es Hunde und nicht Menschen . . .
Und wenn wir gleich hoch uns rühmen, so sind wir dennoch Heiden und die Juden von dem Geblüt Christi, wir sind Schwäger und Fremdlinge, sie sind Blutsfreunde, Vettern und Brüder unseres Herrn. Darum wenn man sich des Blutes und Fleisches rühmen sollte, so gehören ja die Juden Christo näher zu als wir, wie auch S. Paulus Röm. 9 (V. 5) sagt.

Badische Kammer *1848*

Mit tiefem Schmerze, welchen alle wahren Freunde der Volksfreiheit und des Vaterlandes teilen, vernehmen wir die Nachricht, daß die Tage, welche die Herzen aller wackeren Bürger mit hoher Begeisterung erfüllen, die Tage, welche unser ganzes Volk erlösen sollten, von dem Drucke der

Knechtschaft von Jahrzehnten, ja von Jahrhunderten, entweiht werden sollten durch die blinde Zerstörungswut und Gefährdung der Personen und des Eigentums unserer Mitbürger mosaischen Glaubens, daß das leuchtende Panier der Freiheit besudelt werden will durch schmähliche Exzesse.
Die Feinde der bürgerlichen Freiheit, die Gegner der freien Entwicklung, die Volksfeinde, welche den alten Zustand der Unterdrückung gerne zurückgeführt sähen, sie werden sich schadenfroh die Hände reiben und frohlocken, sie werden solche Exzesse anregen, schüren, heraufbeschwören, um dann ausrufen zu können: Seht, das Volk ist nicht würdig der Freiheit; *denn ein Volk, das wahrhaft frei ist, mißbraucht die Freiheit nicht, um des anderen Friede und Glück zu verletzen.* Mitbürger, wir wissen, daß wir in eurer aller Sinn sprechen, wenn wir Euch zurufen:
Es ist eine heilige Pflicht eines jeden Ehrenmannes, der nicht mit dem Namen der Freiheit schnödes Spiel treibt, der nicht ihren Namen zur Befriedigung anderer Leidenschaften mißbrauchen will, es ist eine heilige Pflicht aller wahren Volks- und Freiheitsfreunde, mit aller Energie solch frevelhaftem Beginnen entgegenzutreten. Nur Diener der Reaktion oder von ihnen Irregeleitete vermögen zu Judenverfolgungen die Hand zu bieten, wie sie nie ein freies Land, wohl aber der Despotismus könnte.

Rundschreiben
des hessischen Oberkonsistoriums *1890*

Die antisemitische Bewegung schließt ernste Gefahren für den Frieden der Bevölkerung in sich. – Wir können unter keinen Umständen für das, was eine gemeinsame Schuld ganzer Volksklassen und wofür diese, sofern sie wirklich Christen sind, Buße zu tun und Besserung zu suchen haben, die jüdischen Staatsbürger, in deren Reihen es doch wahrlich an Beispielen wirklicher Milde und Guttätigkeit, an Mustern pietätvollen Familiensinns nicht fehlt, und zwar diese ohne Unterschied, allein verantwortlich machen. –
Wir müssen es auch als eine verhängnisvolle Mißleitung der dunklen Instinkte des deutschen Christenvolkes ansehen, wenn man da, wo es gilt, vor allem die eigenen Fehler einzusehen, die Unzufriedenheit der Massen auf angebliche

Urheber ihrer Drangsale hinlenkt, die es nur zum Teil und sicherlich nicht ohne erhebliche Mitschuld der christlichen Bevölkerung selbst sind. – Wir halten darum die Beteiligung an antisemitischen Agitationen für nicht vereinbar mit den Christenpflichten und Amtspflichten eines Geistlichen.

1919

Die Juden

sollen an Allem schuld sein,

so tönt es heute aus hinterhältig verbreiteten Flugblättern,
so reden es verhetzte Leute auf der Straße nach.
Wir Juden sollen schuld sein, daß der **Krieg** kam, aber in der Regierung und Diplomatie, in der Rüstungsindustrie und im Generalstab saßen

keine Juden.

Wir sollen **auch** schuld sein, daß der Krieg vorzeitig abgebrochen wurde.
Wir sollen schuld sein an allen Uebeln des Kapitalismus und **zugleich** an den Leiden der Revolution, die diese Uebel beseitigen will.
Was ein paar Führer jüdischer Herkunft gewirkt haben zum Guten und zum Bösen, haben sie selbst zu verantworten,

nicht die jüdische Gesamtheit.

Wir lehnen es ab, die **Sündenböcke** abzugeben für alle Schlechtigkeit der Welt.

Wir fordern unser Recht, wie bisher friedlich weiter zu arbeiten in unserem deutschen Vaterland, mit dessen Gedeihen in Zeiten der Macht wie der Niederlage auch unser Wohl unauflöslich verbunden ist.

Die Ortsgruppe München
des Centralvereins deutscher Staatsbürger jüdischen Glaubens.

Martin Rade *1932*

Die evangelische Kirche, von der nationalsozialen Bewegung überrascht, hat durch ihre Pastoren und Journalisten bisher vornehmlich nur den opportunistischen Standpunkt herausgearbeitet, daß man dieser gegenüber nicht denselben Fehler begehen dürfe wie im vorigen Jahrhundert der sozialistischen Bewegung gegenüber.

Daß der Protestantismus am 20. März für Hitler votierte, der Katholizismus für Hindenburg, ist grotesk und beleuchtet die Schwierigkeit einer evangelisch-kirchlichen Stellungnahme.

Sie kann nur laufen in der Ablehnung der heutigen Führer der NSDAP und in einer gründlichen positiven Befassung mit der ihr zugetanen und zuströmenden Jugend, insbesondere der jüngsten.

Daß Theologen als Ideologen am leichtesten einer Ideologie verfallen, ist begreiflich. Aber der Ernst des Studiums und der Zucht müßte eigentlich diesen Reiz überwinden. Gewiß nicht durch bloße Kritik aus dem Vorurteil heraus, sondern durch umfassende, von Vernunft und Wissenschaft getragene Prüfung. Protestantische Gewissenhaftigkeit, die ihr Letztes immer wieder in die Entscheidung des Einzelnen legt, darf sich nicht bei irgendwelcher Affektpolitik beruhigen.

Allein der Satz des kirchlichen Programms des »Evangelischen Nationalsozialisten« (Rundschreiben Gau Schlesien, Febr. 1932): »Reinigung und Erhaltung der Rasse als eine von Gott für alle Ewigkeit gegebene Pflicht« müßte genügen, um eine Listenverbindung zwischen evangelischer Kirche und Nationalsozialisten unmöglich zu machen.

Dietrich Bonhoeffer *1933*

Das bedeutet eine dreifache Möglichkeit kirchlichen Handelns dem Staat gegenüber: erstens (wie gesagt) die an den Staat gerichtete Frage nach dem legitim staatlichen Charakter seines Handelns, d. h. die Verantwortlichmachung des Staates. Zweitens der Dienst an den Opfern des Staatshandelns. Die Kirche ist den Opfern jeder Gesellschaftsordnung in unbedingter Weise verpflichtet, auch wenn sie nicht der christlichen Gemeinde zugehören. »Tut Gutes an jedermann.« In beiden Verhaltensweisen dient die Kirche dem freien Staat in ihrer freien Weise, und in Zeiten der Rechtswandlung darf die Kirche sich diesen beiden Aufgaben keinesfalls entziehen. Die dritte Möglichkeit besteht darin, nicht nur die Opfer unter dem Rad zu verbinden, sondern dem Rad selbst in die Speichen zu fallen. Solches Handeln wäre mittelbar politisches Handeln der Kirche und ist nur dann möglich und gefordert, wenn die Kirche den Staat in seiner Recht und Ordnung schaffenden Funktion versagen sieht, d. h. wenn sie den Staat hemmungslos ein Zuviel oder ein Zuwenig an Ordnung und Recht verwirklichen sieht. In beiden muß sie dann die Existenz des Staates und damit auch ihre eigene Existenz bedroht sehen. Ein Zuwenig läge vor bei der Rechtlosmachung irgendeiner Gruppe von Staatsuntertanen, ein Zuviel läge dort vor, wo vom Staate her in das Wesen der Kirche und ihre Verkündigung eingegriffen werden sollte . . .

Bekennende Kirche
Denkschrift an den Führer *1936*

Von den evangelischen Angehörigen der NS-Organisationen wird gefordert, sich uneingeschränkt auf die nationalsozialistische Weltanschauung zu verpflichten. Diese Weltanschauung wird vielfach als ein positiver Ersatz des zu überwindenden Christentums dargestellt und ausgegeben.
Wenn hier Blut, Rasse, Volkstum und Ehre den Rang von Ewigkeitswerten erhalten, so wird der evangelische Christ durch das erste Gebot gezwungen, diese Bewertung abzulehnen. Wenn der arische Mensch verherrlicht wird, so bezeugt Gottes Wort die Sündhaftigkeit aller Menschen.
Wenn den Christen im Rahmen der nationalsozialistischen Weltanschauung ein Antisemitismus aufgedrängt wird, der zum Judenhaß verpflichtet, so steht für ihn dagegen das christliche Gebot der Nächstenliebe. Einen besonders schweren Gewissenskonflikt bedeutet es für unsere evangelischen Gemeindeglieder, wenn sie das Eindringen dieser antichristlichen Gedankenwelt bei ihren Kindern, ihrer christlichen Elternpflicht entsprechend, bekämpfen müssen . . .

Pius XI *1936*

Der Antisemitismus ist eine abstoßende Bewegung, an der wir Christen keinerlei Anteil haben können ... Es ist den Christen nicht möglich, am Antisemitismus teilzunehmen. Wir erkennen jedem das Recht zu, sich zu verteidigen und die geeigneten Mittel zu gebrauchen, um sich gegen alles, was die legitimen Interessen untergräbt, zur Wehr zu setzen. Der Antisemitismus ist nicht vertretbar. Wir sind im geistlichen Sinne Semiten.

Julius von Jan *Bußtag 1938*

Wenn nun die einen schweigen *müssen* und die anderen nicht reden *wollen,* dann haben wir heute wahrlich allen Grund, einen Bußtag zu halten, *einen Tag der Trauer* über unsre und des Volkes Sünden.

Ein Verbrechen ist geschehen in Paris. Der Mörder wird seine gerechte Strafe empfangen, weil er das göttliche Gesetz übertreten hat.

Wir trauern mit unserem Volk um das Opfer dieser verbrecherischen Tat. Aber wer hätte gedacht, daß dieses eine Verbrechen in Paris bei uns in Deutschland so viele Verbrechen zur Folge haben könnte? Hier haben wir die Quittung bekommen auf den großen Abfall von Gott und Christen auf das organisierte Antichristentum. Die Leidenschaften sind entfesselt, die Gebote Gottes mißachtet; Gotteshäuser, die andern heilig waren, sind ungestraft niedergebrannt worden, das Eigentum der Fremden geraubt oder zerstört; die unsrem deutschen Volk treu gedient haben und ihre Pflicht gewissenhaft erfüllt haben, wurden ins KZ geworfen, bloß weil sie einer andern Rasse angehörten! Mag das Unrecht auch von oben nicht zugegeben werden – das gesunde Volksempfinden fühlt es deutlich, auch wo man nicht darüber zu sprechen wagt.

Und wir als Christen sehen, wie dieses Unrecht unser Volk vor Gott belastet und seine Strafen über Deutschland herbeiziehen muß. Denn es steht geschrieben: Irret euch nicht! Gott läßt seiner nicht spotten. Was der Mensch sät, das wird er auch ernten! Ja, es ist eine entsetzliche Saat des Hasses, die jetzt wieder ausgesät worden ist. Welche entsetzliche Ernte wird daraus erwachsen, wenn Gott unsrem Volk und uns nicht die Gnade schenkt zu aufrichtiger Buße.

Helmut Gollwitzer *Bußtag 1938*

Wer soll denn heute noch predigen? Wer soll denn heute noch Buße predigen? Ist uns nicht allen der Mund gestopft an diesem Tage? Können wir heute noch etwas anderes, als nur schweigen? Was hat nun uns und unserem Volk und unserer Kirche all das Predigen und Predigthören genützt, die ganzen Jahre und Jahrhunderte lang, als daß wir nun da angelangt sind, wo wir heute stehen, als daß wir heute haben so hereinkommen müssen, wie wir hereingekommen sind?

Was muten wir Gott zu, wenn wir jetzt zu Ihm kommen und singen und die Bibel lesen, beten, predigen, unsere Sünden bekennen, so, als sei damit zu rechnen, daß Er noch da ist und nicht nur ein leerer Religionsbetrieb abläuft! Ekeln muß es Ihn doch vor unserer Dreistigkeit und Vermessenheit. Warum schweigen wir nicht wenigstens? Ja, es wäre vielleicht das Richtigste, wir säßen heute hier nur schweigend eine Stunde lang zusammen, wir würden nicht singen, nicht beten, nicht reden, nur schweigend darauf vorbereiten, daß wir dann, wenn die Strafen Gottes, in denen wir ja schon mitten drin stecken, offenbar und sichtbar werden, nicht schreiend und hadernd herumlaufen: wie kann Gott so etwas zulassen? – ach wie viele von uns werdens dann ja tun und in ihrer Blindheit keinen Zusammenhang sehen zwischen dem, was Gott zuläßt, und dem, was wir getan und zugelassen haben. Wir sollten uns vorbereiten darauf, daß wir dann ja sagen zu dem, was kommt: »Ach Herr, unsere Missetaten haben's ja verdient« (Jer. 14,7).

Lästig aber mag der Bußruf damals vielen gewesen sein, lästig ist er zu allen Zeiten dem Menschen, der auch das ernsteste Sündenbekenntnis und Gebet am Maßstab der nationalen Propaganda mißt. Wer meint ein Christ zu sein und doch die Entrüstung über den Bußruf mitmachen zu können, dem muß man doch wenigstens klar sagen, daß er damit den Maßstab Gottes mit dem Maßstab der politischen Propaganda vertauscht hat, den Altar der Gerechtigkeit

Gottes gegen den Altar der Gerechtigkeit der eigenen Nation.

Theophil Wurm *1943*

Unser Volk empfindet vielfach die Leiden, die es durch die feindlichen Fliegerangriffe ertragen muß, als Vergeltung für das, was den Juden angetan worden ist. Das Brennen der Häuser und Kirchen, das Splittern und Krachen in den Bombennächten, die Flucht aus den zerstörten Häusern mit wenig Habseligkeiten, die Ratlosigkeit im Suchen eines Zufluchtsortes erinnert die Bevölkerung auf das Peinlichste an das, was bei früheren Anlässen die Juden erdulden mußten . . .

Stricke des Todes

Die Stricke des Todes hatten mich umfangen,
die Ängste der Unterwelt mich befallen;
ich kam in Not und in Kummer.

Psalm 116,3

Johannes Chrysostomos *387*

Man muß die Juden fliehen, wie eine die ganze Welt bedrohende Pest; man muß die Märtyrer nachahmen, die die Juden haßten, weil sie Christus liebten. Denn man kann das Opfer nicht lieben, ohne die Mörder zu hassen . . . Wie ein gemästetes und arbeitsunfähiges Tier taugen sie (die Juden) nur noch für den Schlächter.

Erzbischof Agobard von Lyon *828*

Dir ist ebenfalls bekannt, daß alle, die dem jüdischen Gesetz unterstehen, unter einem Fluche stehen, daß dieser Fluch an ihnen haftet wie ein Kleid, daß dieser Fluch wie Wasser in ihr Inneres und wie Öl in ihre Gebeine dringt. Dir ist auch bekannt, daß sie verflucht sind in der Stadt, verflucht auf dem Lande, verflucht beim Eingange wie beim Ausgange, daß verflucht ist die Frucht ihres Leibes, Landes und Viehs, verflucht ihre Vorräte, Speicher, Vorratskammern, Nahrung und selbst deren Überreste, und daß keiner von ihnen diesem gewaltigen und schrecklichen Fluch entrissen werden kann außer durch den, der um unseretwillen zum Fluche gemacht worden ist.

Martin Luther *1543*

Wir müssen mit Gebet und Gottesfurcht eine scharfe Barmherzigkeit üben, ob wir doch etliche aus der Flamme und Glut erretten könnten. Rächen dürfen wir uns nicht, sie haben die Rache am Halse, tausendmal ärger, als wir ihnen wünschen können. Ich will meinen treuen Rat geben.
Erstlich, daß man ihre Synagogen oder Schulen mit Feuer

anstecke und, was nicht verbrennen will, mit Erde überhäufe und beschütte, daß kein Mensch einen Stein oder Schlacke davon sehe ewiglich. Und solches soll man tun, unserem Herrn und der Christenheit zu Ehren, damit Gott sehe, daß wir Christen seien und solch öffentlich Lügen, Fluchen und Lästern seines Sohnes und seiner Christen wissentlich nicht geduldet noch gewilliget haben . . .

Zum anderen, daß man auch ihre Häuser desgleichen zerbreche und zerstöre. Denn sie treiben ebendasselbige darinnen, was sie in ihren Schulen treiben.

Dafür mag man sie etwa unter ein Dach oder Stall tun, wie die Zigeuner, auf daß sie wissen, sie seien nicht Herrn in unserem Lande . . .

Zum dritten, daß man ihnen nehme alle ihre Betbüchlein und Talmudisten, darin solche Abgöttereien, Lügen, Fluchen und Lästerung gelehret wird.

Zum vierten, daß man ihren Rabbinen bei Leib und Leben verbiete, hinfort zu lehren. Denn solch Amt haben sie mit allem Recht verloren . . .

Zum fünften, daß man den Juden das Geleit und Straße ganz und gar aufhebe. Denn sie haben nichts auf dem Lande zu schaffen, weil sie nicht Herren noch Amtleute noch Händler, oder desgleichen sind, sie sollen daheim bleiben . . . Werdet ihr Fürsten und Herren solchen Wucherern nicht die Straße legen ordentlicherweise, so könnte sich einmal eine Reiterei sammeln wider sie, weil sie aus diesem Büchlein lernen werden, was die Juden sind und wie man mit ihnen umgehen und ihr Wesen nicht schützen solle. Denn ihr sollt und könnt sie auch nicht schützen, ihr wollt denn vor Gott alle ihres Greuels teilhaftig sein . . .

Zum sechsten, daß man ihnen den Wucher verbiete und nehme ihnen alle Barschaft und Kleinode an Silber und Gold, und lege es beiseit zu verwahren. Und dies ist die Ursache: Alles, was die haben (wie droben gesagt), haben sie uns gestohlen und geraubt durch ihren Wucher, weil sie sonst keine andere Nahrung haben . . .

Zum siebenten, daß man den jungen starken Juden und Jüdinnen in die Hand gebe Flegel, Axt, Karst, Spaten, Rocken, Spindel und lasse sie ihr Brot verdienen im Schweiß der Nasen . . . Denn es taugt nicht, daß sie uns verfluchte Gojim wollten lassen im Schweiß unseres Angesichts arbei-

ten, und sie, die heiligen Leute, wolltens hinter dem Ofen mit faulen Tagen, Feisten und Pompen verzehren, und darauf rühmen lästerlich, daß sie der Christen Herren wären von unserem Schweiß, sondern man müßte ihnen das faule Schelmenbein aus dem Rücken vertreiben . . .
Denn, wie gehört, Gottes Zorn ist groß über sie, daß sie durch sanfte Barmherzigkeit nur ärger und ärger, durch Schärfe aber wenig besser werden. Drum immer weg mit ihnen.

F. M. A. Voltaire *1765*

Eine lächerliche Politik betreibt dieses elende Volk; es war blutdürstig, ohne kriegerisch zu sein, wucherisch, ohne Handel zu treiben, räuberisch, ohne seinen Raub festhalten zu können. Es war fast immer Sklave und Aufrührer. Es wurde verkauft auf dem Markt von Titus und Hadrian wie man das Tier verkauft, das die Juden unrein nennen, und das viel nützlicher war als sie. Dem Deklamator Bossuet überlasse ich die Politik der Schattenkönige von Juda und Samaria, die nichts anderes als den Mord kannten, angefangen mit David, der nach der Ausübung seines Räuberhandwerks auf den Thron kam und Uria ermorden ließ, sobald er Herr im Land geworden war. Und dann jener weise Salomo, der damit begann, seinen leiblichen Bruder am Fuß des Altars zu ermorden. Ich habe diese sinnlose Pedanterie satt, die die Geschichte eines derartigen Volkes für die Unterweisung der Jugend freigibt.

G. W. F. Hegel *1800*

Das jüdische Volk, das schlechterdings alle es umgebenden Völker verabscheute und verachtete, wollte für sich, hocherhaben, allein in seiner Art, seinen Sitten, seinem Dünkel beharren; jede Gleichstellung, Vereinigung durch Sitten mit anderen war ihm eine greuelhafte Abscheulichkeit, und doch stand es durch die Lage seines kleinen Landes, durch Handelsverbindungen, durch die Vereinigung der Völker, welche die Römer stifteten, in mannigfaltigen Beziehungen mit anderen; dem Drange der Völker, sich zu vereinigen, mußte die jüdische Sucht, sich zu isolieren, unterliegen, und nach

Kämpfen, die um so entsetzlicher waren, je eigner dies Volk war, war sie auch unterlegen und durch die Unterwerfung des Staats unter eine fremde Gewalt tief gekränkt und erbittert worden. Um so hartnäckiger hielt dies Volk fernerhin auf seine statuarischen Gebote der Religion; es leitete seine Gesetzgebung unmittelbar von einem ausschließlichen Gott ab; in seiner Religion war die Ausübung einer unzähligen Menge sinn- und bedeutungsloser Handlungen wesentlich, und der pedantisch sklavische Geist der Nation hatte noch den gleichgültigsten Handlungen des täglichen Lebens eine Regel vorgeschrieben und der ganzen Nation das Ansehen eines Mönchordens gegeben – der Dienst Gottes und der Tugend war ein zwangvolles Leben unter toten Formularen, dem Geist blieb nichts als der hartnäckige Stolz auf diesen Gehorsam der Sklaven gegen sich nicht selbst gegebene Gesetze übrig. Diese Hartnäckigkeit konnte aber den immer beschleunigten Fall ihres schweren Schicksals, an das sich von Tag zu Tag mehr Gewichte anhängten, nicht aufhalten. Das Ganze war einmal und auf ewig zerrissen. Ihre Raserei der Absonderung hatte der politischen Abhängigkeit und der Einwirkung der Verbindung mit Fremden nicht widerstehen können. Dieser Zustand der jüdischen Nation mußte in Menschen von besserem Stoff, die ihr Selbstgefühl nicht verleugnen und sich nicht zu toten Maschinen und zugleich zur Wut des Knechtssinns herunterbeugen konnten, das Bedürfnis einer freieren Tätigkeit und reineren Selbständigkeit, als mit mönchischer Geschäftigkeit eines geist- und wesenlosen Mechanismus kleinlicher Gebräuche ein Dasein ohne Selbstbewußtsein zu leben, das Bedürfnis eines edleren Genusses, als in diesem Sklavenhandwerk sich groß zu dünken und für dasselbe zu rasen, erwecken. Die Natur empörte sich gegen diesen Zustand und trieb die mannigfaltigsten Reaktionen hervor, wie [die] Entstehung vieler Räuberbanden, vieler Messiasse, das strenger und mönchischer gemachte Judentum der Pharisäer, die Verbindung von Freiheit und Politik mit demselben in dem Sadduzäismus, das brüderliche, von den Leidenschaften und Sorgen ihres Volks freie Eremitenleben der Essener, die Aufhellung des Judentums durch schönere Blüten der tieferen menschlichen Natur im Platonismus, endlich das Erheben und offene Predigen des Johannes an alles Volk – und zuletzt die Erschei-

nung des Jesus, der das Übel seines Volks an der Wurzel angriff, nämlich an seiner hochmütigen und feindseligen Aussonderung von allen Nationen, es also zum Gott aller Menschen, zu allgemeiner Menschenliebe, zur Entsagung des lieb- und geistlosen Mechanismus ihres Gottesdienstes führen wollte, dessen neue Lehre eben deswegen mehr noch zur Religion der Welt als seines Volkes wurde – ein Beweis, wie tief er die Bedürfnisse seines Zeitalters aufgegriffen hatte und wie die Juden in rettungslose Abwesenheit des Guten und Wut der Geistesknechtschaft versunken waren.
Wie die Bildung des Jesus gereift ist, über diese interessante Frage sind gar keine Nachrichten auf uns gekommen; in seinem männlichen Alter erst tritt er auf, frei von jüdischem Sinn.

Johann Gottlieb Fichte *1807*

... Fällt euch denn hier nicht der begreifliche Gedanke ein, daß die Juden, welche ohne euch Bürger eines Staates sind, der fester und gewaltiger ist als die eurigen alle, wenn ihr ihnen auch noch das Bürgerrecht in euren Staaten gebt, eure übrigen Bürger völlig unter die Füße treten werden?
Fern sei von diesen Blättern der Gifthauch der Intoleranz, wie er es von meinem Herzen ist! Derjenige Jude, der über die festen, man möchte sagen, unübersteiglichen Verschanzungen, die vor ihm liegen, zur allgemeinen Gerechtigkeits-, Menschen- und Wahrheitsliebe hindurchdringt, ist ein Held und ein Heiliger. Ich weiß nicht, ob es deren gab oder gibt. Ich will es glauben, sobald ich sie sehe. Nur verkaufe man mir nicht schönen Schein für Realität! – Möchten doch immer die Juden nicht an Jesum Christum, möchten sie doch sogar an keinen Gott glauben, wenn sie nur nicht an zwei verschiedene Sittengesetze und an einen menschenfeindlichen Gott glaubten. – Menschenrechte müssen sie haben, ob sie gleich uns dieselben nicht zugestehen; denn sie sind Menschen, und ihre Ungerechtigkeit berechtigt uns nicht, ihnen gleich zu werden. Zwinge keinen Juden wider seinen Willen und leide nicht, daß es geschehe, wo du der nächste bist, der es hindern kann; das bist du ihm schlechterdings schuldig. Wenn du gestern gegessen hast und hungerst wieder und hast nur auf heute Brot, so gib es dem Juden, der

neben dir hungert, wenn er gestern nicht gegessen hat, und du tust sehr wohl daran. – Aber ihnen Bürgerrechte zu geben, dazu sehe ich wenigstens kein Mittel, als das, in einer Nacht ihnen allen die Köpfe abzuschneiden und andere aufzusetzen, in denen auch nicht *eine* jüdische Idee sei. Um uns vor ihnen zu schützen, dazu sehe ich wieder kein anderes Mittel, als ihnen ihr gelobtes Land zu erobern und sie alle dahin zu schicken.

Karl Marx *1843*

Wir versuchen, die theologische Fassung der Frage zu brechen. Die Frage nach der Emanzipationsfähigkeit des Juden verwandelt sich uns in die Frage, welches besondere *gesellschaftliche* Element zu überwinden sei, um das Judentum aufzuheben? Denn die Emanzipationsfähigkeit des heutigen Juden ist das Verhältnis des Judentums zur Emanzipation der heutigen Welt. Dies Verhältnis ergibt sich notwendig aus der besonderen Stellung des Judentums in der heutigen geknechteten Welt.
Betrachten wir den wirklichen weltlichen Juden, nicht den *Sabbatjuden,* wie Bauer es tut, sondern den *Alltagsjuden.*
Suchen wir das Geheimnis des Juden nicht in seiner Religion, sondern suchen wir das Geheimnis der Religion im wirklichen Juden.
Welches ist der weltliche Grund des Judentums? Das *praktische* Bedürfnis, der *Eigennutz.*
Welches ist der weltliche Kultus der Juden? Der *Schacher.*
Welches ist sein weltlicher Gott? Das *Geld.*
Nun wohl! Die Emanzipation vom *Schacher* und vom *Geld,* also vom praktischen, realen Judentum, wäre die Selbstemanzipation unserer Zeit ...
Sobald es der Gesellschaft gelingt, das *empirische* Wesen des Judentums, den Schacher und seine Voraussetzungen aufzuheben, ist der Jude *unmöglich* geworden, weil sein Bewußtsein keinen Gegenstand mehr hat, weil die subjektive Basis des Judentums, das praktische Bedürfnis vermenschlicht, weil der Konflikt der individuell-sinnlichen Existenz mit der Gattungsexistenz des Menschen aufgehoben ist.
Die *gesellschaftliche* Emanzipation des Juden ist die *Emanzipation der Gesellschaft vom Judentum.*

... Die sinnliche Anschauungsgabe der Juden ist nie vermögend gewesen, bildende Künstler aus ihnen hervorgehen zu lassen: ihr Auge hat sich von je mit viel praktischeren Dingen befaßt, als da Schönheit und geistiger Gehalt der förmlichen Erscheinungswelt sind. Von einem jüdischen Architekten oder Bildhauer kennen wir in unseren Zeiten, meines Wissens, nichts: ob neuere Maler jüdischer Abkunft in ihrer Kunst wirklich geschaffen haben, muß ich Kennern vom Fach zur Beurteilung überlassen; sehr vermutlich dürften aber diese Künstler zur bildenden Kunst keine andere Stellung einnehmen, als diejenige der modernen jüdischen Komponisten zur Musik ist, zu deren genauerer Beleuchtung wir uns nun wenden.

Der Jude, der an sich unfähig ist, weder durch seine äußere Erscheinung, noch durch seine Sprache, am allerwenigsten aber durch seinen Gesang, sich uns künstlerisch kundzugeben, hat nichtsdestoweniger es vermocht, in der verbreitetsten der modernen Kunstarten, der Musik, zur Beherrschung des öffentlichen Geschmackes zu gelangen. – Betrachten wir, um uns die Erscheinung zu erklären, zunächst, wie es dem Juden möglich ward, Musiker zu werden. –

Von der Wendung unsrer gesellschaftlichen Entwicklung an, wo mit immer unumwundenerer Anerkennung das Geld zum wirklich machtgebenden Adel erhoben ward, konnte den Juden, denen Geldgewinn ohne eigentliche Arbeit, d. h. der Wucher, als einziges Gewerbe überlassen worden war, das Adelsdiplom der neueren, nur noch geldbedürftigen Gesellschaft nicht nur nicht mehr vorenthalten werden, sondern sie brachten es ganz von selbst dahin mit. Unsre moderne Bildung, die nur dem Wohlstande zugänglich ist, blieb ihnen daher um so weniger verschlossen, als sie zu einem käuflichen Luxusartikel herabgesunken war. Von nun an tritt also der *gebildete Jude* in unsrer Gesellschaft auf, dessen Unterschied vom ungebildeten, gemeinen Juden wir genau zu beachten haben. Der gebildete Jude hat sich die undenklichste Mühe gegeben, alle auffälligen Merkmale seiner niederen Glaubensgenossen von sich abzustreifen: in vielen Fällen hat er es selbst für zweckmäßig gehalten, durch die christliche Taufe auf die Verwischung aller Spuren seiner

Abkunft hinzuwirken. Dieser Eifer hat den gebildeten Juden aber nie die erhofften Früchte gewinnen lassen wollen: er hat nur dazu geführt, ihn vollends zu vereinsamen und ihn zum herzlosesten aller Menschen in einem Grade zu machen, daß wir selbst die frühere Sympathie für das tragische Geschick seines Stammes verlieren mußten.

Heinrich von Treitschke *1879*

Ueberblickt man alle diese Verhältnisse – und wie Vieles ließe sich noch sagen! – so erscheint die laute Agitation des Augenblicks doch nur als eine brutale und gehässige, aber natürliche Reaction des germanischen Volksgefühls gegen ein fremdes Element, das in unserem Leben einen allzu breiten Raum eingenommen hat. Sie hat zum Mindesten das unfreiwillige Verdienst, den Bann einer stillen Unwahrheit von uns genommen zu haben; es ist schon ein Gewinn, daß ein Uebel, das Jeder fühlte und Niemand berühren wollte, jetzt offen besprochen wird. Täuschen wir uns nicht: die Bewegung ist sehr tief und stark; einige Scherze über die Weisheitssprüche christlich-socialer Stump-Redner genügen nicht sie zu bezwingen. Bis in die Kreise der höchsten Bildung hinauf, unter Männern, die jeden Gedanken kirchlicher Unduldsamkeit oder nationalen Hochmuths mit Abscheu von sich weisen würden, ertönt es heute wie aus einem Munde: die Juden sind unser Unglück!

Adolf Stoecker *1879*

Eben dies ist ihr Verhängnis, daß sie, an Christo gescheitert, ihren göttlichen Kurs verloren, ihre hohe Mission preisgegeben haben und nach dem schneidigen Entweder-Oder des Herrn Jesu: ›Ihr könnt nicht Gott dienen und dem Mammon‹ – den Götzen des Goldes nachlaufen, weil sie die Wege Gottes versäumt haben. Ergreifend sind die alten Gebete, in denen das Judentum nach Gott und Zion zurückverlangt ... Die Juden sind und bleiben ein Volk im Volke, ein Staat im Staate, ein Stamm für sich unter einer fremden Rasse. Alle Einwanderer gehen zuletzt in dem Volke auf, unter welchem sie wohnen; die Juden nicht. Dem germanischen Wesen setzen sie ihr ungebrochenes Semitentum, dem Christentum ihren starren Gesetzeskult oder ihre Christenfeindschaft entgegen. Wir können sie darum nicht verurteilen, solange sie Juden sind, können sie gar nicht anders. Aber wir müssen uns mit klarer Erkenntnis vor den Gefahren schützen, die in einer solchen Vermischung liegen.

Carl Schmitt *1933*

... Aus den sachlichen Notwendigkeiten rechtswissenschaftlicher Arbeit heraus wird der Gedanke der Artgleichheit unser ganzes öffentliches Recht durchsetzen und beherrschen. Er gilt für das Berufsbeamtentum, wie für die an der Rechtsschöpfung und -gestaltung wesentlich beteiligte Anwaltschaft, wie für alle Fälle, in denen Volksgenossen in der Verwaltung, Rechtspflege und Rechtslehre tätig werden. Er wird vor allem auch bei der Zusammensetzung der verschiedenen neuen »Führerräte« eine fruchtbare Zusammenarbeit gewährleisten.
Wir wissen nicht nur gefühlsmäßig, sondern auf Grund strengster wissenschaftlicher Einsicht, daß alles Recht das Recht eines bestimmten Volkes ist. Es ist eine erkenntnistheoretische Wahrheit, daß nur derjenige imstande ist, Tatsachen richtig zu sehen, Aussagen richtig zu hören, Worte richtig zu verstehen und Eindrücke von Menschen und Dingen richtig zu bewerten, der in einer seinsmäßigen, artbestimmten Weise an der rechtsschöpferischen Gemeinschaft teilhat und existentiell ihr zugehört. Bis in die tiefsten, unbewußtesten Regungen des Gemütes, aber auch bis in die kleinste Gehirnfaser hinein steht der Mensch in der Wirklichkeit dieser Volks- und Rassenzugehörigkeit. Objektiv ist nicht jeder, der es sein möchte und der mit subjektiv gutem Gewissen glaubt, er habe sich genau angestrengt, um objektiv zu sein. Ein Artfremder mag sich noch so kritisch gebärden und noch so scharfsinnig bemühen, mag Bücher lesen und Bücher schreiben, er denkt und versteht anders, weil er *anders geartet* ist, und bleibt in jedem entscheidenden Gedankengang in den existentiellen Bedingungen seiner eigenen Art. Das ist die objektive Wirklichkeit der »Objektivität«.
... Wir suchen eine Bindung, die zuverlässiger, lebendiger und tiefer ist als die trügerische Bindung an die verdrehbaren

Buchstaben von tausend Gesetzesparagraphen. Wo anders könnte sie liegen als in uns selbst und unserer eigenen Art? Auch hier, angesichts des untrennbaren Zusammenhanges von Gesetzesbindung, Beamtentum und richterlicher Unabhängigkeit, münden alle Fragen und Antworten in dem Erfordernis einer Artgleichheit, ohne die ein totaler Führerstaat nicht einen Tag bestehen kann.

Lutherische Bischofskonferenz *1933*

Wir ringen und beten darum, daß der Aufbruch der Nation zu einem Durchbruch zu Gott werde. Darum wissen wir uns verpflichtet, unserem Volk die Botschaft der lutherischen Reformation zu sagen: Gott ist es, der Volkstum und Obrigkeit geordnet hat; Gott ist es, der mit seinem Gericht und seiner Gnade zur Vergebung der Sünden und damit allein zu wahrer Freiheit führt; Gott ist es, der in seiner Gemeinde wahre Gemeinschaft und Zucht verwirklicht. Das werdende Deutsche Reich kann diese lutherische Botschaft nicht entbehren, wenn es seine Sendung erfüllen will. Deshalb fordern wir: daß in der werdenden Deutschen Evangelischen Kirche der Glaube Luthers und das Bekenntnis der Väter freien Raum erhalten und zu voller Wirkung kommen; daß diese Kirche unter die Führung eines Reichsbischofs lutherischen Bekenntnisses gestellt wird; daß sie nach ihren eigenen Gesetzen gestaltet und dabei alles ihrer Art Fremde, an vergangene parlamentarische Formen Erinnernde ausgeschaltet wird.

Philipp Lenard *1936*

»*Deutsche* Physik?« wird man fragen. – Ich hätte auch arische Physik oder Physik der nordisch gearteten Menschen sagen können, Physik der Wirklichkeits-Ergründer, der Wahrheit-Suchenden, Physik derjenigen, die Naturforschung begründet haben. – »Die Wissenschaft ist und bleibt international!« wird man mir einwenden wollen. Dem liegt aber ein Irrtum zugrunde. In Wirklichkeit ist die Wissenschaft, wie alles was Menschen hervorbringen, rassisch, blutmäßig bedingt. Ein Anschein von Internationalität kann entstehen, wenn aus der Allgemeingültigkeit der Ergebnisse der Naturwissenschaft zu Unrecht auf allgemeinen Ursprung geschlossen wird oder wenn übersehen wird, daß die Völker verschiedener Länder, die Wissenschaft gleicher oder verwandter Art geliefert haben wie das deutsche Volk, dies nur deshalb und insofern konnten, weil sie ebenfalls vorwiegend nordischer Rassenmischung sind oder waren. Völker anderer Rassenmischung haben eine andere Art, Wissenschaft zu treiben ...

Eugenio Pacelli *1936*

Dem Stellvertreter Christi beugt sich die Bestimmung Roms; in ihm verdichtet es sich und wendet sich zu einem Ziel, das nicht von dieser Welt ist. Keine Stadt besiegt oder wird jemals besiegen die Bestimmung Roms. Jerusalem und sein Volk sind nicht mehr die Stadt und das Volk Gottes, Rom ist das neue Sion ...

Viktor Franz *1935*

Werfen wir nun zunächst einen Blick auf die menschliche Entwicklung, die selber ursprünglich ganz ein Naturvorgang ist, die Rassenentwicklung und den Rassenaufstieg. Wenigstens das eine ist da nun offenkundig, daß ein Rassengemisch in der Regel viel zu viele Vorbedingungen für Differenzierung, viel zu wenige für Zentralisation enthalten muß, um günstige Bedingungen für weiteren Aufstieg zu gewährleisten. Dessen erste Voraussetzung ist also möglichste Rassereinheit, die zweite aber und den Aufstieg erst herbeiführende ist die züchterische Ausmerzung des körperlich Ungesunden und geistig Mangelhaften und die um so kräftigere Förderung der hochgearteten Sippe. Hans F. K. Günther hat kürzlich gezeigt (1935), wieviel die Völker der Germanen darin taten. Es ist im Grunde immer eine zentralisierende, zusammenordnende, zerspaltungverhütende Funktion.
Was aber ist nun »hochgeartet«? »Harmonische« Schulung von Körper und Geist ist die Differenzierung und Zentralisation oder die möglichste Vervollkommnung des individuellen Lebens, die altberühmte Kalokagathie (das Tüchtig- und Schönwerden) der Hellenen. Werden erbliche Anlagen für sie auf die Sippe versammelt, so wird ausgelesene Artung gezeugt ...

Daß mit alledem der biologische Fortschritt oder die Vervollkommnung in Entfaltung, Sich-Ausbreiten, daher im Überlegenerwerden besteht, auch dies fiel im Zwischenreich wohl wenig auf fruchtbaren Boden. Unserer jetzigen, endlich erreichten deutschen, nationalsozialistischen Weltanschauung fügt es sich restlos ein – ohne sich etwa zu erschöpfen (das ist wohl selbstverständlich!) noch auch nur ihren Kernpunkt zu treffen. Ihr Kernpunkt ist Deutschland. Zu Biologen aber sagte der verstorbene *Hans Schemm:* »Nationalsozialismus ist politisch angewandte Biologie«, und unzweifelhaft ist er in allen Stücken auch das, hinwiederum nicht in einem veräußerlichenden Sinne, wie Fernerstehende leicht meinen. Die nationalsozialistische Grundauffassung ist im tiefsten Sinne biologisch orientiert um *»die ewig geschlossene Synthese zwischen Zweckmäßigkeit und Schönheit«* (Worte des Führers in Nürnberg, 1934) und erstrebt mit allen – äußerlich viel sichtbareren – nationalerzieherischen und sozialistischen Mitteln letztlich unser Zentralisierendstes, das am meisten uns vereinigt und somit uns stärkt, sofern es selber stark ist: die volle Entfaltungsmöglichkeit deutschen Wesens. So ist auch das eigentliche Ziel der Rassepflege die dem Volkskörper erreichbare höchstmögliche Schönheit und Würde des Menschendaseins. Im Buche der Deutschen, *»Mein Kampf«* von Adolf Hitler, ist das sonnenklar ausgesprochen, und es wäre nur gut, wenn *jeder* es wüßte.

Präsidialkanzlei
Eing. 28. NOV. 1938

Amt Berlin 149
Haupttelegraphenamt

Telegraphie des Deutschen Reiches

Telegramm aus Bremen C 72/70 28 1218

An den Führer und Reichskanzler
Adolf H i t l e r
B e r l i n.

Die drei Dankeskirchen in Bremen, die Ihren Namen tragen aus Dankbarkeit gegen Gott für die wunderbare Errettung unseres Volkes vom Abgrund des jüdisch-materialistischen Bolschewismus durch Ihre Tat, mein Führer, sind eingeweiht. Ich danke Ihnen, dass das, was uns als bewusst christlichen Nationalsozialisten ein Bekenntnis ist, in den Bauten dieser neuen Kirchen seinen Ausdruck hat finden können.

Heil, mein Führer !

Landesbischof W e i d e m a n n.

Gesetze ohne Recht

DAS SCHLIMMSTE

Die Juden haben unbestritten
Von allen Verfolgten das Schlimmste gelitten:
Nicht weil sie politisch verschworen sind –
Nur weil sie halt geboren sind.

Alfred Kerr, 1936

Gesetzliche Anordnungen gegen jüdische Bürger

1. April 1933	Boykott jüdischer Geschäfte durch die SA.
7. April 1933	Gesetz zur »Wiederherstellung des Berufsbeamtentums«. Ausschaltung »nichtarischer« Beamten (mit einigen Ausnahmen). Anschließend entsprechende Gesetze für viele andere Berufsgruppen. (Die Ausnahmeregelung fiel mit dem Erlaß der Nürnberger Gesetze fort.)
Frühjahr 1933	Errichtung der ersten Konzentrationslager (Dachau, Oranienburg u. a.)
22. September 1933	Reichskulturkammer-Gesetz (schaltete Juden aus dem deutschen Kulturleben aus).
Sommer 1933	Gründung des Jüdischen Kulturbundes (zunächst in Berlin, dann in weiteren Städten des Reiches).
Vom Frühjahr 1933 an	Verstärkter Druck zur Auswanderung der Juden nach Palästina.
21. Mai 1935	Wehrgesetz. Arische Abstammung Voraussetzung zum Heeresdienst.
6. August 1935	Zusammenfassung aller jüdischen Kulturschaffenden im Reichsverband jüdischer Kulturbünde unter der Aufsicht des Sonderbeauftragten Hans Hinkel.

Ab Sommer 1935	Verstärkte Aktion »Juden unerwünscht«: Schilder an Ortseingängen, Bade-Anstalten, Cafés, Geschäften usw.
Parteitag Nürnberg	Sondersitzung des Reichstages beschließt »Reichsbürgergesetz« und »Gesetz zum Schutze des deutschen Blutes und der deutschen Ehre«: »Reichsbürger ist nur der Staatsangehörige deutschen oder artverwandten Blutes.« »Eheschließungen zwischen Juden und Staatsangehörigen deutschen oder artverwandten Blutes sind verboten«, ebenso »außerehelicher Verkehr«. »Rassenschande« wurde später mit dem Tode bestraft. Alle jüdischen Beamten (auch Frontkämpfer) wurden zum 31. Dezember 1936 pensioniert.
Sommer 1936	Mit Rücksicht auf die ausländischen Besucher der Olympischen Spiele wurden die antisemitischen Schilder vorübergehend entfernt.
28. März 1938	Die jüdischen Gemeinden, bislang noch Körperschaften des öffentlichen Rechts, werden private Vereine (Kultusvereinigungen).
22. April 1938	Verordnung gegen die »Tarnung jüdischer Gewerbebetriebe«.
26. April 1938	Verordnung über die Anmeldung des Vermögens der Juden (diese Verordnungen bereiteten die Ausschaltung der Juden aus der deutschen Wirtschaft und ihre Enteignung vor).
Juni 1938	»Asozialen-Aktion«: Verhaftung aller »vorbestraften« Juden, einschließlich solcher, die wegen Verkehrsvergehen u. ä. mit Polizeistrafen belegt worden waren.
6. Juli 1938	Ausschaltung der Juden aus Gewerben.

23. Juli 1938	Einführung der Kennkarte für Juden (ab Januar 1939).
25. Juli 1938	Approbationen jüdischer Ärzte erlöschen am 30. September 1938.
17. August 1938	Einführung der Vornamen Israel bzw. Sarah für alle Juden.
27. September 1938	Jüdische Rechtsanwälte müssen am 30. November 1938 ihre Praxis einstellen.
5. Oktober 1938	Reisepässe von Juden werden mit »J« gekennzeichnet.
7. November 1938	Herschel Grünspan schießt auf Legationsrat Ernst vom Rath in der Deutschen Botschaft Paris.
9. bis 11. Nov. 1938	In von der NSDAP gelenkter Aktion zerstört SA die meisten Synagogen und zahlreiche jüdische Geschäfte und Wohnungen. Inhaftierungen von 30 000 bis 40 000 jüdischen Männern in Konzentrationslagern.
12. November 1938	Verordnung über eine »Sühneleistung der Juden« in Höhe von einer Milliarde Reichsmark. Verordnung zur totalen Ausschaltung der Juden aus Wirtschaftsbetrieben. Verordnung, daß die Kosten »zur Wiederherstellung des Straßenbildes« von den Juden zu tragen sind. Versicherungsleistungen werden vom Reich beschlagnahmt. Anordnung, derzufolge Juden an kulturellen Veranstaltungen nicht mehr teilnehmen dürfen.
15. November 1938	Kein Jude darf nichtjüdische Schulen besuchen.
26. November 1938	Einführung von Wohnbeschränkungen für Juden.
3. Dezember 1938	Verordnung über den Einsatz jüdischen Vermögens (Zwangsveräußerung jüdischer Gewerbebetriebe und anderer jüdischer Vermögen).

17. Januar 1939	Mieterschutz für Juden wird aufgehoben. Nach der Arisierung der Betriebe, Geschäfte, der Landwirtschaft und der Forsten soll die des Hausbesitzes erfolgen.
24. Januar 1939	Hitler beauftragt den SS-Gruppenführer Heydrich, »die Judenfrage in Form der Auswanderung oder Evakuierung einer den Zeitläufen entsprechenden, möglichst günstigen Lösung zuzuführen.«
30. Januar 1939	Vor dem Reichstag sagt Hitler »die Vernichtung der jüdischen Rasse in Europa« für den Kriegsfall voraus.
21. Februar 1939	Ablieferung von Gold, Edelsteinen usw. an öffentliche »Ankaufsstellen« den Juden auferlegt.
4. Juli 1939	Verordnung bestimmt Zusammenfassung der Juden (Rassejuden und nicht nur Glaubensjuden) in einer Reichsvereinigung mit dem Ziele, »die Auswanderung der Juden zu fördern«. Sie wird außerdem Träger des jüdischen Schulwesens und der freien jüdischen Wohlfahrtspflege.
1. September 1939	Juden müssen ab 20 Uhr (im Sommer ab 21 Uhr) zu Hause sein.
23. September 1939	Juden müssen am Tag der Verordnung (Versöhnungstag) ihre Rundfunkgeräte abliefern.
6. Februar 1940	Juden erhalten grundsätzlich keine Kleiderkarte.
11./12. Februar 1940	Deportation der Juden aus den Regierungsbezirken Stettin, Stralsund und Schneidemühl in den Bezirk von Lublin.
4. Juli 1940	7450 Juden aus Baden, Pfalz und dem Saargebiet werden im Rahmen der »Aktion Bürckel« nach Gurs, Revesaltes und Les Milles (Südfrankreich) deportiert. (Überlebende von dort

	nach Auschwitz [November 1942].)
7. März 1941	Einsatz der Juden zur Zwangsarbeit.
31. Juli 1941	Göring beauftragt Heydrich, alle erforderlichen Vorbereitungen »in sachlichsr und materieller Art zu treffen« für eine »Gesamtlösung der Judenfrage« im deutschen Einflußgebiet in Europa.
1. September 1941	Vom 15. September 1941 an müssen alle über 6 Jahre alten Juden den »Judenstern« tragen.
Herbst 1941	Erste Transporte nach Theresienstadt, als »Reichsaltersheim« getarntes KZ. Deportation von über 42 000 Juden aus Deutschland (sowie großer Zahlen von Juden aus anderen Ländern). Soweit sie nicht schon in Theresienstadt starben, erfolgte sehr häufig Weitertransport in osteuropäische Vernichtungslager.
Oktober 1941	Beginn allgemeiner Deportationen aus dem Reich in Arbeits-, Konzentrations- und Vernichtungslager in Polen.
3. Oktober 1941	Juden im Arbeitseinsatz »stehen im Beschäftigungsverhältnis eigener Art«.
10. Oktober 1941	Juden bedürfen zum Verlassen ihrer Wohnung und zur Benutzung von Verkehrsmitteln besonderer Erlaubnis.
25. November 1941	Vermögen ausgewanderter Juden verfällt dem Reich.
20. Januar 1942	Ministerialbesprechung über die »Endlösung der Judenfrage« in Europa (Wannseeprotokoll).
1. März 1942	Hitler-Erlaß schafft Einsatzstab Rosenberg, dem u. a. Beschlagnahme jüdischer Kulturgüter obliegt.
15. April 1942	Wohnungen von Juden müssen durch »Judenstern« gekennzeichnet sein.

24. April 1942	Juden dürfen grundsätzlich keine Verkehrsmittel mehr benutzen.
15. Mai 1942	Juden dürfen keine Haustiere (Hunde, Katzen, Vögel) mehr halten.
9. Juni 1942	Juden haben »alle entbehrlichen Kleidungsstücke« abzuliefern.
19. Juni 1942	Deportation führender Persönlichkeiten der jüdischen Reichsvertretung nach dem Osten.
1. Juli 1942	Einstellung jeglichen Schulunterrichts für jüdische Kinder »im Hinblick auf die Entwicklung der Aussiedlung der Juden«.
18. September 1942	»Auslieferung asozialer Elemente aus dem Strafvollzug an den Reichsführer SS zur Vernichtung durch Arbeit.« Dazu wurden gezählt: »Sicherungsverwahrte, Juden, Zigeuner, Russen und Ukrainer« u. a.
Herbst 1942	Erschießungen von jüdischen Geiseln in Berlin.
Dezember 1942	»Brunner-Aktion« in Berlin (verstärkte Massendeportationen).
27. Februar 1943	»Fabrik-Aktion« (Verhaftung von Juden an ihren Arbeitsplätzen).
1. Juni 1943	Verordnung »Strafbare Handlungen von Juden werden durch die Polizei geahndet«.
10. Juni 1943	Auflösung der Reichsvereinigung der Juden, der letzten jüdischen Organisation in Deutschland.

Gesetz zum Schutze des deutschen Blutes und der deutschen Ehre — *1935*

Durchdrungen von der Erkenntnis, daß die Reinheit des deutschen Blutes die Voraussetzung für den Fortbestand des deutschen Volkes ist, und beseelt von dem unbeugsamen Willen, die deutsche Nation für alle Zukunft zu sichern, hat der Reichstag einstimmig das folgende Gesetz beschlossen, das hiermit verkündet wird.

§ 1

1. Eheschließungen zwischen Juden und Staatsangehörigen deutschen oder artverwandten Blutes sind verboten. Trotzdem geschlossene Ehen sind nichtig, auch wenn sie zur Umgehung dieses Gesetzes im Auslande geschlossen sind.
2. Die Nichtigkeitsklage kann nur der Staatsanwalt erheben.

§ 2

Außerehelicher Verkehr zwischen Juden und Staatsangehörigen deutschen oder artverwandten Blutes ist verboten.

§ 3

Juden dürfen weibliche Staatsangehörige deutschen oder artverwandten Blutes unter 45 Jahren nicht in ihrem Haushalt beschäftigen.

§ 4

1. Juden ist das Hissen der Reichs- und Nationalflagge und das Zeigen der Reichsfarben verboten.
2. Dagegen ist ihnen das Zeigen der jüdischen Farbe gestattet. Die Ausübung dieser Befugnis steht unter staatlichem Schutz.

§ 5

1. Wer dem Verbot des § 1 zuwiderhandelt, wird mit Zuchthaus bestraft.
2. Der Mann, der dem Verbot des § 2 zuwiderhandelt, wird mit Gefängnis oder mit Zuchthaus bestraft.
3. Wer den Bestimmungen der §§ 3 oder 4 zuwiderhandelt, wird mit Gefängnis bis zu einem Jahr und mit Geldstrafe oder mit einer dieser Strafen bestraft.

§ 6

Der Reichsminister des Innern erläßt im Einvernehmen mit dem Stellvertreter des Führers und dem Reichsminister der Justiz die zur Durchführung und Ergänzung des Gesetzes erforderlichen Rechts- und Verwaltungsvorschriften.

§ 7

Das Gesetz tritt am Tage nach der Verkündung, § 3 jedoch erst am 1. Januar 1936 in Kraft.

Das Reichsbürgergesetz

Der Reichstag hat einstimmig das folgende Gesetz beschlossen, das hiermit verkündet wird.

§ 1

1. Staatsangehöriger ist, wer dem Schutzverband des Deutschen Reiches angehört und ihm dafür besonders verpflichtet ist.
2. Die Staatsangehörigkeit wird nach den Vorschriften des Reichs- und Staatsangehörigkeitsgesetzes erworben.

§ 2

1. Reichsbürger ist nur der Staatsangehörige deutschen oder artverwandten Blutes, der durch sein Verhalten beweist, daß er gewillt und geeignet ist, in Treue dem deutschen Volk und Reich zu dienen.
2. Das Reichsbürgerrecht wird durch Verleihung des Reichsbürgerbriefes erworben.
3. Der Reichsbürger ist der alleinige Träger der vollen politischen Rechte nach Maßgabe der Gesetze.

§ 3

Der Reichsminister des Innern erläßt im Einvernehmen mit dem Stellvertreter des Führers die zur Durchführung und Ergänzung des Gesetzes erforderlichen Rechts- und Verwaltungsvorschriften.

Rudolf Höss

Von meinen Eltern war ich so erzogen, daß ich allen Erwachsenen und besonders Älteren mit Achtung und Ehrerbietung zu begegnen hätte, ganz gleich aus welchen Kreisen sie kämen. Überall, wo es notwendig ist, behilflich zu sein, wurde mir zur obersten Pflicht gemacht. Ganz besonders wurde ich immer darauf hingewiesen, daß ich Wünsche oder Anordnungen der Eltern, der Lehrer, Pfarrer usw., ja aller Erwachsenen bis zum Dienstpersonal unverzüglich durchzuführen bzw. zu befolgen hätte und mich durch nichts davon abhalten lassen dürfe. Was diese sagten, sei immer richtig.
Diese Erziehungsgrundsätze sind mir in Fleisch und Blut übergegangen. – Ich kann mich noch gut entsinnen, wie

mein Vater – der als fanatischer Katholik ein entschiedener Gegner der Reichsregierung und deren Politik war – seinen Freunden stets vor Augen hielt, daß, trotz aller Gegnerschaft, die Gesetze und Anordnungen des Staates unbedingt zu befolgen wären.
Schon von klein auf wurde ich zu einem festen Pflichtbewußtsein erzogen. Es wurde in meinem Elternhaus streng darauf geachtet, daß alle Aufträge genau und gewissenhaft ausgeführt wurden.

H. G. Adler

Während der Arbeit an den ersten Teilen dieses Buches wurden meine Gedanken mehr und mehr und immer dringlicher zu der Frage veranlaßt, wie es um den Menschen im Staate bestellt ist, wie er zu den Behörden steht, wie die Behörden zu ihm stehen. Aber auch, wie die Behörden von höheren Stellen, von der Regierung und Ministerien, hier besonders auch von den höchsten polizeilichen Behörden abhängen: wie diese untere Instanzen instruieren und instrumentieren, wie ferner diese Behörden miteinander verkehren. Weiter die Rolle jener Menschen, die als Leiter und Beamte oder Angestellte in Behörden wirken. Das Geflecht von verantwortetem und unverantwortetem Geschehen, das in diesem komplizierten Apparat oder eher noch Apparatur-System wirkt und gelegentlich, aber oft nach strenger Regel, nach genereller Dienstvorschrift oder auch nach bestimmtem Ermessen sich individuell auf den einzelnen Menschen oder kollektiv auf viele Menschen bezieht und jedermanns Schicksal bestimmt.

Isolierung

Vor allen meinen Feinden
bin ich zum Spott geworden
und meinen Nachbarn zum Hohn,
ein Schrecken meinen Bekannten;
die mich auf der Gasse sehen
fliehen von mir.
Ich bin dem Gedächtnis entschwunden
wie ein Toter.

Psalm 31, 12 und 13

Martin Buber *1933*

Die Kinder

Die Kinder erleben, was geschieht und schweigen, aber nachts stöhnen sie aus dem Traum, erwachen, starren ins Dunkel: die Welt ist unzuverlässig geworden.
Man hatte einen Freund, der Freund war selbstverständlich wie das Sonnenlicht. Nun plötzlich sieht er einen fremd an, die Mundwinkel spotten: Hast du dir etwa eingebildet, ich machte mir wirklich was aus dir?
Man hatte einen Lehrer, unter allen den einen; man wußte: es gibt diesen Menschen, also ist alles in Ordnung. Nun hat er keine Stimme mehr, wenn er zu einem spricht; auf dem Hof ist der Raum zu ihm hin nicht mehr offen.
Die gute Landschaft selber, in der man wanderte und spielte, ist unheimlich geworden.
Was ist geschehen? Man weiß ja so allerhand, aber man versteht dennoch nicht, wie das zusammenhängt.
Um an der Seele dauern und wachsen zu können, braucht das Kind das Stetige, das Verläßliche. Da muß etwas sein, das nicht versagt.
Das Haus genügt nicht, die Welt gehört dazu.
Was ist mit der Welt geschehen? Aus dem vertrauten Lächeln ist eine Fratze geworden.
Das Kind ängstigt sich, aber es kann seine Verängstigung keinem sagen, auch der Mutter nicht. Das ist nicht etwas,

was sich sagen läßt. Es kann auch keinen fragen. Niemand weiß ja Bescheid, warum alles so ist wie es ist.
Das Kind empört sich, aber für diese Empörung gibt es keinen Ausbruch, sie schlägt in die Tiefe zurück. Das ist eine Leidenschaft, die nicht auflodern darf; sie schwelt und verderbt. Die Seele mündet nicht mehr in die Welt, sie verstockt sich. So wird man schlecht.
Eltern, Erzieher, was ist gegen das Schlechtwerden, gegen das »Ressentiment«, zu tun?
Ich weiß nichts andres als dies: ein Unerschütterliches in der Welt des Kindes sichtbar zu machen. Etwas, was nicht versagen kann, weil es den Wechselfällen der geschehenden Geschichte, ihrer Labilität, nicht unterworfen ist, nicht von der Stunde ist, sondern von urher. Etwas, das unser ist, unentreißbar unser. Wir müssen dem Kind in seiner Welt, als ein Vertrautes, Vertrauliches, ewigen Vertrauens Wertes, Israel erfahrbar machen.
Das heißt nicht: einem völkischen Menschenbild reaktiv ein andersvölkisches gegenüberstellen. Es heißt nicht: sagen, wir seien »auch« ein Volk, wir hätten auch unsere Art, auch unsern Wert. Wir sind nicht ein andres Exemplar der Gattung Nation, wir sind das einzige Exemplar unserer Gattung. Wir sind Israel. Heruntergekommen, preisgegeben, sind wir uneinreihbar geblieben. Alle Gewalten der Erde haben den Zugriff auf uns, die Kategorien der Begrifflichkeit haben ihn nicht. Ich sage das nicht in selbstsicherm Stolz, ich sage es mit Furcht und Zittern. Zu »Israel« gehört geschichtlich dieses Schicksal, so in das Schicksal der Völker verflochten und so aus ihm entlassen zu sein – so aus ihm geworfen zu werden und so ihm eingetan zu bleiben. Aber zu Israel gehört auch die Gnade, je in solcher Not den Urbund zu erneuern, durch den es entstanden ist. Den Kindern ist Israel nicht als ein Ersatz aufzuschließen, sondern als die wahre Einzigkeit, aus der wir leben und die wir vergessen haben. Wieder einmal läßt uns die Not unsern Namen wiederfinden. Nicht als ein Ding des Berühmens: »so was haben wir auch«, nicht als eins der Zeichen auf den Fahnenwimpeln der Erde, vielmehr als die Bezeichnung eines Bundes, mit Bundesrecht und Bundespflicht.
Israel bedeutet: um einer Verbundenheit willen, in der unser Sein begründet ist, Gemeinschaft üben. Die Gemeinschaft

zwischen Wesen und Wesen, zwischen Mensch und Mensch, auf die hin die Schöpfung erschaffen ist, lebensmäßig üben. Und das bedeutet heute: Unmittelbarkeit hüten in einer immer mittelbarer werdenden Menschenwelt. Der Selbstgerechtigkeit der Kollektivitäten gegenüber das Geheimnis der Beziehung wahren, ohne das ein Volk dem Eisestod verfallen muß.

Aber haben wir uns nicht selber auf den Weg begeben, eine selbstgerechte Kollektivität zu werden? Dürfen wir noch der Gnade gewärtig sein, den Urbund zu erneuern? Steht es uns noch zu, jene Einzigkeit zu vertreten? Vermögen wir noch den Kindern das Unerschütterliche sichtbar zu machen? Sind wir noch Israel?

An uns ist es, diese Frage zu beantworten. Nicht durch pathetische Erklärungen, die nichts beweisen, aber durch unsre Wesenshaltung im Gang des Alltags, mitten in seinen bestürzenden Anomalien.

Es gilt viel, daß wir wahrhaft inne seien unsrer Grundwerte, unsrer Sprache und unsrer Geschichte, das muß uns allen nicht bloß ins Bewußtsein, sondern ins Blut eingehn. Aber mehr noch gilt, daß wir als Israel leben: Gemeinschaft üben und Unmittelbarkeit wahren.

Nach außen ist das tausendfältig erschwert oder unterbunden. Dennoch, nichts darf uns davon abbringen, unbefangen, grollfrei, in ungebrochner persönlicher Ganzheit zu den Menschen des deutschen Volkstums zu stehen, wo immer wir ihnen so begegnen, daß man einander zu sehen, einander zu erkennen vermag. Auch heute, gerade heute, so grausam sie uns erschwert ist, tut menschliche Aufgeschlossenheit not.

Innerhalb der Judenheit, sollte man meinen, seien alle Riegel gesprengt. Aber, wenn ich von all den kleinen Gemeinden absehe, die in der Notzeit zu großen Familien zusammen- und emporgewachsen sind: ich nehme mehr Organisationsgetriebe, ja Organisationsleerlauf wahr als personhaftes Drauflosbandeln, mehr »Fürsorge« als brüderliches Sorgen, mehr Routine als Initiative, mehr Erledigung als Hingabe. »Wer weiß«, sagte der Berditschewer Rabbi von den unbarmherzigen Sodomitern, »vielleicht hatten auch sie eine Gemeindebüchse, darein die Wohlhabenden ihr Almosen taten, um den Armen nicht ins Auge zu schauen!« Die

Büchsen heißen heute Fonds. Niemand meine sich durch seinen Beitrag loskaufen zu können! Wer hier nicht Unmittelbarkeit bewahrt, verleugnet Israel.
Ist auf einen Umschwung, auf einen Durchbruch zu hoffen? Ich frage euch, die ihr dies lest.
Lehrt eure Kinder jüdische Gehalte, sucht ihnen das Leben jüdisch zu formen – aber damit ists nicht genug. Ihr müßt mit euch selber beginnen. Israel ist mehr als Form und Gehalt, es will in unsrer ganzen persönlichen, mitmenschlichen, gemeinschaftlichen Wirklichkeit verwirklicht werden.
Es liegt an uns, den Kindern die Welt wieder zuverlässig zu machen. An uns, ob wir ihnen, uns zusprechen dürfen: »Getrost, die Mutter ist da.«

Ernst Toller

Blick 1933

Biographien erreichen selten die Kompliziertheit individuellen Daseins, viele Konturen des »vollständigen Menschen« bleiben unbelichtet, alle Momente müssen, nach einem Wort Karoline von Günderodes, immer den einen bestimmen und begreiflich machen, insbesondere in einem Buch, das wie dieses den öffentlich wirkenden Menschen zeichnet.
Nicht nur meine Jugend ist hier aufgezeichnet, sondern die Jugend einer Generation und ein Stück Zeitgeschichte dazu. Viele Wege ging diese Jugend, falschen Göttern folgte sie und falschen Führern, aber stets bemühte sie sich um Klärung und um die Gebote des Geistes.
Wer den Zusammenbruch von 1933 begreifen will, muß die Ereignisse der Jahre 1918 und 1919 in Deutschland kennen, von denen ich hier erzähle.

Hatten die Menschen gelernt aus Opfern und Leiden, aus Niederbruch und Verhängnis, aus dem Triumph des Gegners und der Verzweiflung des Volkes, hatten sie Sinn und Mahnung und Verpflichtung jener Zeiten begriffen?
Die Republikaner, die die Republik ihren Feinden auslieferten.
Die Revolutionäre, die über Thesen und Parolen den Willen des Menschen und seine Entscheidung vergaßen.

Die Gewerkschaftsfunktionäre, die über gefüllten Kassen die wachsende Gewalt des Gegners nicht sahen, der sie mitsamt ihren Kassen fortfegen sollte.
Die Bürokraten, die den freien Mut, die Kühnheit, den Glauben erstickten.
Die Doktrinäre, die über spitzfindigen Fehden versäumten, dem Volk klare und große Ziele zu weisen.
Die Schriftsteller, die ein verstiegenes Bild des kämpfenden Arbeiters schufen, und verzagten, wenn sie dem wirklichen Arbeiter begegneten, mit seiner Schwäche und seiner Stärke, seiner Kleinheit und seiner Größe.
Die Realpolitiker, die taub waren für die Magie des Wortes, blind für die Macht der Idee, stumm vor der Kraft des Geistes.
Die Fetischisten der Ökonomie, die die moralischen Kräfte des Volkes und die großen Impulse der Menschen, die Sehnsucht nach Freiheit, nach Gerechtigkeit, nach Schönheit kleinbürgerliche Untugenden hießen.
Nein, in fünfzehn Jahren haben sie nichts gelernt, alles vergessen und nichts gelernt. Wieder haben sie versagt, wieder sind sie gestrandet, wurden gestäupt und geschunden.
Sie haben das Volk vertröstet von Tag zu Tag, von Monat zu Monat, von Jahr zu Jahr, bis es, müde der Vertröstungen, Trost in der Trostlosigkeit suchte.
Die Barbarei triumphiert, Nationalismus und Rassenhaß und Staatsvergottung blenden die Augen, die Sinne, die Herzen.
Viele haben gewarnt, seit Jahren gewarnt. Daß unsere Stimmen verhallten, ist unsere Schuld, unsere größte Schuld.

Von falschen Heilanden erwartet das Volk Rettung, nicht von eigener Erkenntnis, eigener Arbeit, eigener Verantwortung. Es jubelt über die Fesseln, die es auf Geheiß der Diktatoren sich schmiedet, für ein Linsengericht von leerem Gepränge verkauft es seine Freiheit und opfert die Vernunft.
Denn das Volk ist müde der Vernunft, müde des Denkens und Nachdenkens, was hat denn, fragt es, die Vernunft geschaffen in den letzten Jahren, was halfen uns Einsichten und Erkenntnisse? Und es glaubt den Verächtern des Gei-

stes, die lehren, daß die Vernunft den Willen lähme, die seelischen Wurzeln zersetze, das gesellschaftliche Fundament zerstöre, daß alle Not, soziale und private, ihr Werk sei.
Als ob die Vernunft je regiert hätte, als ob nicht gerade das unvernünftig Planlose Deutschland, Europa in den Sturz getrieben hätte!
Überall der gleiche wahnwitzige Glaube, ein Mann, der Führer, der Cäsar, der Messias werde kommen und Wunder tun, er werde die Verantwortung für künftige Zeiten tragen, aller Leben meistern, die Angst bannen, das Elend tilgen, das neue Volk, das Reich voller Herrlichkeit schaffen, ja, kraft überirdischer Sendung, den alten schwachen Adam wandeln.
Überall der gleiche wahnwitzige Wunsch, den Schuldigen zu finden, der die Verantwortung trage für vergangene Zeiten, dem man das eigene Versagen, die eigenen Fehler, die eigenen Verbrechen aufbürden darf, ach, es ist das alte Opferlamm aus Urzeiten, nur daß heute statt Tieren Menschen zur Opferung bestimmt werden.

Die Folgen sind furchtbar. Das Volk lernt Ja zu sagen zu seinen niederen Instinkten, zu seiner kriegerischen Gewaltlust. Geistige und moralische Werte, in Jahrtausenden mühsam und martervoll errungen, sind dem Spott und Haß der Herrschenden preisgegeben. Freiheit und Menschlichkeit, Brüderlichkeit und Gerechtigkeit – vergiftende Phrasen, fort mit ihnen auf den Kehrichthaufen!
Lerne die Tugend des Barbaren, schießen, stechen, rauben, unterdrücke den Schwächeren, merze ihn aus, brutal und rücksichtslos, verlerne, des anderen Leiden zu fühlen, vergiß nie, daß Du zum Richter geboren bist, räche Dich für die Kränkungen von heute, für die Kränkungen von gestern und für jene, die morgen Dich treffen könnten, sei stolz, Du bist ein Held, verachte friedliches Leben und friedlichen Tod, höchstes Glück der Menschheit ist der Krieg.
Lerne, daß einzig Blut ein Volk formt und baut und erhöht. Du willst wissen, was es mit diesem Blut für eine Bewandtnis habe in einem Lande, das von zahllosen Stämmen bewohnt und durchquert ward, frage nicht, glaube! Schon Dein Fragen ist verdächtig, hüte Dich, daß wir Dich nicht in

die Reihen jener stoßen, die getilgt werden müssen vom Erdboden. Denn wir bestimmen, wer leben darf und wer sterben muß zu unserem Heil.
Und Europa?
Wie ein kleiner Makler, der auf die Kurse der Abendbörse wartet, auf neuen Gewinn und neuen Profit, und ein Erdbeben begräbt ihn mitsamt seiner Börse, so verharrt Europa. Weil tausend Kriegsspekulanten an Granaten und Bomben, an Giftgasen und Pestbazillen Milliarden verdienen, und diese Blutmilliarden nationale Werte heißen, schwiegen die Völker.
Der Arzt weiß, daß im Menschen, den physische und seelische Krisen erschüttern, und der nicht ein noch aus weiß, planlos verharrt, weglos umherirrt, Todeswünsche erwachen, die mächtiger und mächtiger werden, die ihn locken, sich besinnungslos zu verschleudern und dem Chaotischen zu verfallen.
An dieser schweren Krankheit leidet das alte Europa.
Im Tornado des Krieges, der mit steigenden Rüstungsaktien drohend sich kündet, stürzt sich Europa in den Abgrund des Selbstmords.

So war alles umsonst, geistige Bemühungen und menschliche Not, entsagende Arbeit der Edelsten und Opfer der Tapfersten, und uns bliebe nur der Weg ins Dunkel des tödlichen Schlafs?

Wo ist die Jugend Europas?
Sie, die erkannt hatte, daß die Gesetze der alten Welt zerbrochen sind, die ihren Verfall täglich und stündlich erlitt?
Sie lebte und wußte nicht wozu. Sie wollte arbeiten und die Tore der Werkstätten blieben ihr verschlossen. Sie sehnte sich nach weisenden Zielen, nach der Erfüllung ihrer großen und kühnen Träume, man tröstete sie mit dem Rausch der Leere.
Folgt sie wirklich den falschen Propheten, glaubt sie der Lüge und verachtet die Wahrheit?
Wartet sie darauf, bis der Krieg die Städte vergast, die Länder verwüstet, die Menschen vergiftet, glaubt sie, dann erst käme ihre Zeit, ihre Tat, ihr Sieg? Sieht sie nicht, daß auf zertrümmertem Grund die neue Welt anders aussähe als sie heute träumt?

Wenn ein Schiff im Sturm treibt auf dem Atlantik, hat der Kapitän viele Mittel, den Anprall der Wogen zu dämmen und Gefahren zu bannen, Menschen helfen ihm und Maschinen, er braucht nicht Furcht zu haben vor Hungersnot, die Kammern bergen Brot und Kleider und Kohlen. Aber wenn das Schiff zerschellte und die Menschen auf Planken treiben, was helfen dann Wille und Tatkraft und Vernunft?

Wo seid Ihr, meine Kameraden in Deutschland?

Ich sehe die Tausende, die den Verlust der Freiheit, die Brandmarkung des Geistes lärmend und festlich feiern.
Die Tausende, die betrogen und getäuscht, in Wahrhaftigkeit glauben, das Reich der Gerechtigkeit auf Erden sei nahe.
Die Tausende, die sich sehnen, der geopferten Jugend Deutschlands in Flandern es gleich zu tun und jubelnd und singend in den Tod zu marschieren.

Wo seid Ihr, meine Kameraden?

Ich sehe Euch nicht, und doch weiß ich, Ihr lebt.
Im Weltkrieg war ein Mann, unter Millionen ein Mann die Stimme der Wahrheit und des Friedens, und das Grab des Zuchthauses konnte die Stimme Karl Liebknechts nicht ersticken.
Heute seid Ihr seine Erben.
Ihr habt die Furcht überwunden, die den Menschen demütigt und erniedrigt. In stiller unermüdlicher Arbeit achtet Ihr nicht Verfolgung und Mißhandlung, Gefängnis und Tod.
Nicht Fehler und Schuld, nicht Versagen und Unzulänglichkeit sollten in diesem Buch beschönigt werden, eigene so wenig wie fremde. Um ehrlich zu sein, muß man wissen. Um tapfer zu sein, muß man verstehen. Um gerecht zu sein, darf man nicht vergessen. Wenn das Joch der Barbarei drückt, muß man kämpfen und darf nicht schweigen. Wer in solcher Zeit schweigt, verrät seine menschliche Sendung.

Am Tag der Verbrennung meiner Bücher in Deutschland.

Enteignung

Wehe denen
die Arges sinnen auf ihren Lagern
und, wenn der Morgen tagt,
es vollbringen,
weil es in ihrer Macht steht;
die nach Äckern gieren und sie rauben,
nach Häusern,
und sie wegnehmen;
die Gewalt üben
an dem Mann und seinem Haus.

Micha 2,1 und 2

Heinrich Mann *1936*

Die Deutschen und ihre Juden

Die deutschen Juden werden planmäßig vernichtet, daran ist nicht mehr zu zweifeln. Vorsichtige ältere Juden sagten vor zwei Jahren: »Wir leben doch in einem Rechtsstaat« – was sie für den unabänderlichen Schutz halten wollten gegen alle noch drohenden Ausschreitungen des Gefühls und der Propaganda. Damals waren die ersten Pogrome schon gewesen. Da dann Ruhe eintrat, konnte man sich einreden, das Gesetz wäre dennoch der stärkere Teil, nicht aber die Volksseele und ihre Lenker. Jetzt glaubt das niemand mehr. Es ist erwiesen, daß das nationalsozialistische Interesse über dem Gesetz steht und daß es Gesetze macht. Recht ist inzwischen geworden, was »dem deutschen Volke nützt«, auch das Bösartige, auch das Infamste.

Es ist dahin gekommen, daß die Juden auf die Gewalttaten der ersten Zeit wahrscheinlich zurückblicken wie auf ein Idyll. Sie wurden manchmal niedergeschlagen, manchmal verhöhnt und mit Plakaten auf der Brust durch die Straßen gejagt. Ihre Läden wurden tageweise boykottiert und einmalig geplündert: das alles ging noch. Sie konnten es auf Rechnung der bewegten Umstände, überhaupt der »Bewegung« setzen. Selbst die »Bewegung« braucht auf die Dauer die Norm, anstatt der Willkür. Gewiß – und grade die Willkür ist seitdem normalisiert worden. Pogrom und Boykott sind in die regelmäßigen sozialen Beziehungen eingeführt worden, sie haben jetzt ihre ordentliche Bestimmung sowohl im menschlichen Verkehr wie im Geschäftsleben. Der Jude, der 1935 mit einem sozusagen arischen Kaufmann über den Verkauf seines Geschäftes verhandeln muß, würde weit lieber den sozusagen arischen Janhagel von 1933 bei sich sehen. Der zertrümmerte die Einrichtung und stahl die Kasse; das läßt sich verschmerzen. Ein einsichtsvoller Jude, wie sie oft sind, erkennt darin die überschwengliche Laune eines Völkchens, das ihm wohlgefällig, ja, ein Gegenstand seiner wehmütigen Bewunderung wäre, wollte es nur nicht grade ihn als Opfer ausersehen.

Aber der arische Kaufmann 1935 handelt bewußt, anstatt im Rausch, alkoholischer oder nationaler Rausch. Keine Rede kann davon sein bei dem arischen Kaufmann, der dem Juden sein Geschäft abnehmen will für ein Zwanzigstel des Wertes. Er drückt sich zwar aus, wie ein normaler Unterhändler jederzeit gesprochen hätte; in der ganzen Welt sind solche Abschlüsse mit ähnlichen Sätzen eingeleitet worden. Anzug und Manieren des arischen Kaufmannes entsprechen gleichfalls der Übung und Übereinkunft – wodurch die Täuschung erhöht wird. Denn vom ersten Wort an und schon vorher hat der Jude durchaus gewußt, daß hier nicht Gleichgestellte eine gesittete Auseinandersetzung haben: sondern es wird vergewaltigt, es wird enteignet, und die Zustimmung des Verkäufers wird erpreßt mit außergeschäftlichen Machtmitteln. Es sind nicht die Machtmittel des einzelnen arischen Kaufmannes – man kann höchstens fragen: Woher nimmt er den Mut, vor zwei Jahren hätte er dem nicht geglaubt, der ihm die Szene und seine Rolle darin vorhergesagt hätte. Wer aber durch ihn eigentlich handelt, ist sein Verein, eine Organisation zum zwangsweisen Aufkauf der jüdischen Geschäfte – dahinter steht drohend die Partei oder der Staat, man kann beides sagen, es ist dasselbe.

Während kurzer Wochen hatten die Juden vielleicht gehofft, daß die »Judengesetzgebung« das gegen sie erlaubte Unrecht festlegen und begrenzen würde. Es gibt eine Judengesetzgebung: so sieht jetzt der Rechtsstaat aus. Nein, auch die Judengesetze sagen nichts über die letzten wirklichen Erleb-

nisse der Juden, zum Beispiel über den Zwangsaufkauf ihrer Geschäfte. Ein Gesetz darüber wird vielleicht später erlassen werden, wenn das Verfahren alt genug ist und niemand mehr aufregt. Die Judengesetzgebung bleibt absichtlich hinter den Ereignissen zurück. Zuerst kommt jedesmal ein neuer Rechtsbruch, er wird geduldet, dringt in die Sitten und Gebräuche ein: dann folgt, in einem günstigen Augenblick, seine Rechtfertigung durch ein Gesetz. Die Welt muß gerade anderweitig stark beansprucht sein und darf nicht genau hinsehen. Zu der Zeit, als in Nürnberg die ersten Judengesetze verkündet wurden, erregte Mussolini mehr Ärgernis bei der Welt als sie . . .
Das Schicksal der deutschen Juden ist furchtbar; verfolgt man indessen seine Fortsetzung, dann hat man das der Deutschen, ihrer untrennbaren Gefährten. Die Ausführungsbestimmungen der »Judengesetze« sind genauso kleinlich und peinlich, wie alles, was durch die Hände des deutschen Spießers geht, besonders auf dem Gebiet des Grausigen. Die Einzelheiten der Hexen-Prozeßordnung überließen damals auch nichts dem Zufall; festgelegt war, wie die Fingernägel der Frauen beschaffen sein müßten, damit sie als Hexen verbrannt würden. Das ist deutsch, nur deutsch, die Genauigkeit im Abscheulichen. Derart sind jetzt die Blutmischungen sortiert, drei viertel jüdisches, halbjüdisches, ein viertel jüdisches Blut, und jede Sorte wird besonderen Befehlen oder Verboten unterworfen. Vierteljuden dürfen nur arisch heiraten – als ob der Rassenzüchter vorhersehen könnte, was dabei herauskommt. Nachdem aber alles pedantisch eingereiht ist, erscheint ein einzelner Herr und behält sich vor, »Dispense« zu erteilen. Der einzelne Herr kann machen, daß ein Jude kein Jude mehr ist. Sein Belieben stößt die Natur um, es siegt über die »Rasse«, um derentwillen das Gesetz vorgeblich beschlossen ist. Das ist deutsch, nur deutsch, der Trick und die Ungläubigkeit angesichts beschworener Grundsätze.
So wird mit allen Deutschen umgesprungen, keineswegs nur mit Juden. Die Menschenmenge, die das Objekt der Judengesetzgebung geworden ist, besteht nicht entfernt aus Juden: ein »Arier« wird wegen Verkehrs mit Jüdinnen eingesperrt. Schon im »Rassischen« sind die Grenzen überschritten. Wie erst, was die bürgerliche Entrechtung betrifft, wie erst in

Hinsicht der willkürlichen Enteignungen. Die große Mehrheit der Deutschen unterliegt Gesetzen, die den »Judengesetzen« kaum nachstehen. Aber sie stehen ihnen um etwas nach. Man könnte daher meinen, daß die »Judengesetze« nur gemacht worden sind als Entschädigung der Deutschen für ihre eigene Knechtschaft. Zwölf Millionen Vollbürger spielen in Deutschland eine Herrenkaste, ihnen unterworfen sind vierundfünfzig Millionen, einschließlich der Juden. Über das ersparte Vermögen der vierundfünfzig Millionen wird verfügt von denen, die sich Schlösser bauen und Leibwachen halten, aber ihre Lehr- und Wanderjahre vergingen einst in Anstalten für Minderwertige und Asylen für Entgleiste. Die Deutschen, denen ihre Ernährung täglich mehr erschwert wird, müssen sich sagen lassen, daß Kanonen wichtiger sind als Butter. »Weltherrschaft«, auf so etwas vertröstet man eine heruntergekommene Gesellschaft von Deutschen, die noch nicht einmal sich selbst haben beherrschen können, und grade darum sind sie in solche Hände gefallen.

Aktennotiz der Deutschen Bank vom 25. 7. 1938

Von 700 in der Zentrale erfaßten jüdischen Unternehmungen sind (bis 25. 7. 1938) ca. 200 arisiert. Für zahlreiche weitere schweben noch Verhandlungen. Es laufen jetzt täglich Mitteilungen ein, daß Objekte arisiert sind.
In einigen Branchen läßt das Angebot an wirklich guten Objekten stark nach. Die Nachfrage ist hier weitaus größer, z. B. in der Metall- und Chemie-Branche. Es ist nicht immer möglich, diese Interessenten auf andere Branchen hinzulenken.
Eine weitere Beschleunigung der Arisierung kann dann erwartet werden, wenn die Genehmigungen schneller erteilt werden. Es dauert häufig 2 Monate, bis alle Instanzen ihr placet gegeben haben.

Rudolf Höss

Ich befehligte Auschwitz bis zum 1. Dezember 1943 und schätze, daß mindestens 2 500 000 Opfer dort durch Vergasung und Verbrennen hingerichtet und ausgerottet wurden;

mindestens eine weitere halbe Million starben durch Hunger und Krankheit, was eine Gesamtzahl von ungefähr 3 000 000 Toten ausmacht. Diese Zahl stellt ungefähr 70 oder 80% aller Personen dar, die als Gefangene nach Auschwitz geschickt wurden, die übrigen wurden ausgesucht und für Sklavenarbeit in den Industrien im und um das Konzentrationslager verwendet . . .
Das Konzentrationslager in Dachau wurde des öfteren von Außenseitern besucht. Dr. Ley führte mehrere Inspektionstouren in 1935, an denen, wie mir vom Leiter des Schutzhaftlagers Dachau, d'Angelo, gesagt wurde, Vertreter von großen Industriekonzernen, unter anderem von der IG-Farben-Industrie und der Kohlenindustrie, teilnahmen. Die Besuchs-Gruppe, die im Beginn des Jahres 1935 nach Dachau kam, bestand aus 10 bis 15 Herren, auch von der IG-Farben-Industrie, sie besuchten die Werkstätten sowohl wie die restlichen Einrichtungen des Konzentrationslagers.
Massenhinrichtungen durch Vergasung begannen im Laufe des Sommers 1941 und dauerten bis zum Herbst 1944. Ich beaufsichtigte persönlich die Hinrichtungen in Auschwitz bis zum 1. Dezember 1943. Nachdem ich das Vernichtungsgebäude in Auschwitz errichtet hatte, verwandte ich Zyklon B, eine kristallisierte Blausäure, das durch eine kleine Öffnung in die Todeskammern eingeworfen wurde. Die älteren Vernichtungslager Belzec, Treblinka und Wolzek hatten Monoxydgas verwendet.

Abschied und Exil

Du hast uns zum Auswurf gemacht,
zum Abscheu unter den Völkern.
Alle unsere Feinde
haben über uns das Maul aufgerissen.

Klagelieder 3,45 und 46

Franz Theodor Csokor *1936*

Flucht

Wo wird das Bett sein,
darin du verendest?
Und – ob es ein Bett ist?

Vielleicht eine Mauer
inmitten von vielen –?
Doch eher allein.

Die Blicke suchen
dich fortab im Rücken.
Vor dir – schaut man weg.

Dir bleibt keine Wahl mehr.
Auf jegliches Sterben
mach' dich bereit!

Verbirg deine Hände,
die Lippen, die Augen,
vor allem die Stirn!

Für niemanden zählst du.
Entfaltete Worte
zerreißen die Zeit.

Dir aber weigern sie
Erde und Ehre.
Falle nicht! Auf!

Denn noch dein Tod
wird ein Hund, der dich hetzt.
Trau selbst deinem Tod nicht!

Mascha Kaléko *1938*

Überfahrt

Wir haben keinen Freund auf dieser Welt.
Nur Gott. Den haben sie mit uns vertrieben.
Von all den Vielen ist nur er geblieben.
Sonst keiner, der in Treue zu uns hält.

Kein Herz, das dort am Ufer um uns weint,
Nur Wind und Meer, die leise uns beklagen.
Laß uns dies alles still zu zweien tragen,
Daß keine Träne freue unsern Feind.

Sei du im Dunkel nah. Mir wird so bang.
Ich habe Vaterland und Heim verlassen.
Es wartet so viel Weh auf fremden Gassen.
Gib du mir deine Hand. Der Weg ist lang.

Und wenn das Schiff auf fremder See zerschellt,
Wir sind einander mit Blut verschrieben.
Wir haben keinen Freund auf dieser Welt.
Uns bleibt das eine nur: uns sehr zu lieben.

Abschiedsbrief von Max R. Lang und Frau Jenny

April 1940 in London

Der Abschiedsbrief des 1935 nach London geflüchteten Berliner Verlegers und Journalisten Max Rudolph Lang an seinen ältesten Sohn Alfred und seine Frau zeigt stellvertretend für hunderttausend andere Flüchtlinge aus Nazi-Deutschland, wie schwierig oder häufig unmöglich es war, sich in der Emigration zurechtzufinden und in der neuen Heimat Fuß zu fassen. Unzählige Flüchtlinge zerbrachen an den oft unmenschlichen Bedingungen, unter denen sie in den meisten Ländern zu leiden hatten, und schieden »freiwillig« aus dem Leben. So wie Max R. Lang starben Kurt Tucholsky, Ernst Toller, Walter Hasenclever, Carl Einstein, Ernst Weiss und viele mehr. Sie alle wurden zwar in erster Linie die Opfer der Nazis, aber die Flüchtlingspolitik der westlichen Länder mit ihren begrenzten Aufnahmekontingenten, kleinlichen Polizeimaßnahmen und ihrem Desinteresse gegenüber dem Leid der Flüchtlinge aus Deutschland hatte nicht minder verheerende Folgen für die Asylsuchenden. Dieser Abschiedsbrief ist ein erschütterndes Dokument über die Einsamkeit, die Verzweiflung und die wirtschaftliche Not der Emigranten. Der Verfasser starb sofort bei dem Selbstmord. Seine Frau, meine Großmutter, vegetierte im Koma sechs

Wochen lang in einem britischen Gefängnishospital dahin, bis auch sie starb. Beide wurden – wie es in Großbritannien damals üblich war – in verschiedenen Gefängnisfriedhöfen anonym verscharrt. Der Ort ihrer Gräber ist mir und meiner Familie unbekannt geblieben. Ihr Sohn Alfred, mein Vater, und ihre Schwiegertochter, meine Mutter, wurden während des Krieges wegen ihrer Mitarbeit in der Résistance deportiert. Meine Mutter kam in das Konzentrationslager Ravensbrück bei Berlin und mein Vater nach Drancy bei Paris. Mein Bruder Peter und ich wurden an verschiedenen Orten in Frankreich versteckt, bis uns die Alliierten befreiten. Meine Eltern überlebten den Krieg, 30 Familienangehörige verschwanden in den Verbrennungsöfen der SS.

Berlin, den 26. 12. 1978 Michel R. Lang

Geliebter Fred, Erika und Peter,
das sind schreckliche Zeiten seit langem für uns gewesen und wir hätten sie ohne unsere guten Freunde Fuld und Eva Kohner nie durchhalten können. Aber nun wieder hat uns das Schicksal genarrt. Nun hatte ich Aussicht durch die Arbeit an der Zeitschrift Verdienst und Befriedigung zu finden. Prompt ist die Herausgabe neuer Zeitschriften verboten.

Und bei Durston Lang & Co ist es keineswegs sicher ob und wann da etwas für uns herauskommt.

Wir könnten uns für ein Hotel melden und weiter vegetieren. Aber das wollen wir beide nicht – schon lange waren wir entschlossen aus dieser Welt, die keinen Raum für uns hat zu scheiden. Uns kann keiner helfen, so helfen wir uns selbst –. Nun wir allen Stolz und alles Selbstbewußtsein opfern und in die Armut gehen würden, wir würden uns nicht wiedersehen; denn ich glaube an kein Ende des Krieges und was würde nachher für uns kommen? Wir würden nur eine Last für unsere Kinder sein, die, sei es geklagt, dann erst recht für sich selbst zu sorgen haben werden.

So gehen wir lieber, solange wir die Nerven dazu haben, den Weg den wir uns schon lange ruhig und mit Überlegung ersehnt haben. Euer Schmerz um uns muß ertragen werden. Ich will von Mu (Jenny Lang d. Hrsg.) nicht lassen und wir wollen zusammen gehen. Ihr habt die glückliche Erinnerung an eine frohe Jugend – wir haben für Euch getan was wir konnten und ich kann Euch nur bitten, wahrt uns ein gutes Andenken und glaubt uns, daß wir genau wissen, daß es für uns keinen anderen Ausweg gibt. Mu und ich sterben so

glücklich wie wir immer gelebt haben und wir denken dabei nur an unsere Kinder die wir über alles geliebt haben. Mein einziger Wunsch ist, daß Du geliebter Fred und Erika und Eure Kinder in Liebe vereint gesund und erfolgreich sein möget und daß nach unserem Hingang Du, mein lieber Fred, den häßlichen Zwist mit Kurt in unserem Andenken beendigst und ihm ein treuer Bruder bleibst.
Ich küsse und segne Euch –

Gottes Wohnungen brennen

Deine Widersacher brüllten
inmitten deiner heiligen Stätte.
Sie haben dein Heiligtum
in Brand gesteckt,
bis auf den Grunde entweiht
die Wohnstatt deines Namens.
Sie dachten bei sich:
»Wir vertilgen sie allzumal!«
Sie verbrannten alle Gottesstätten im Lande.

Psalm 74,4. 7 und 8

Jochen Klepper

10. November 1938/Donnerstag

> Willst du uns denn nicht wieder erquicken, daß sich dein Volk über dich freuen möge? Herr, erzeige uns deine Gnade und hilf uns!
>
> Psalm 85,7.

Der junge Gesandtschaftssekretär vom Rath ist an den Folgen des Attentats gestorben. – Heute sind alle Schaufenster der jüdischen Geschäfte zertrümmert und in den Synagogen ist Feuer gelegt, doch ungefährlich. Daß die Bevölkerung wieder nicht dahintersteht, lehrt ein kurzer Gang durch jüdische Gegenden; ich habe es selber gesehen, denn ich war heute morgen gerade im Bayerischen Viertel. Was wird man an Maßnahmen wieder aus diesem neuen »Aufflackern der Volkswut« ableiten? Es ist ein neuer, furchtbarer Schlag. Viele glauben, daß es bei der wachsenden Wohnungs- und Geschäftsnot nun an die jüdischen Wohnungen und Läden geht, wie bei den Anwälten und Ärzten, und daß der Gedanke eines Barackenghettos immer näher rückt. – Im Reiche mehrere Synagogen niedergebrannt. –
Es ist so schwer, unter dieser ständigen Ungewißheit und Beunruhigung immerzu produzieren zu müssen. –
Leichter aber, daß es noch nicht »Das ewige Haus« ist, so sehnsüchtig wir auf das neue Buch warten.
Aus den verschiedenen »jüdischen« Gegenden der Stadt

hören wir, wie ablehnend die Bevölkerung solchen organisierten Aktionen gegenübersteht. Es ist, als wäre der 1933 noch reichlich vorhandene Antisemitismus seit der Übersteigerung der Gesetze in Nürnberg 1935 weit-, weithin geschwunden. Anders steht es aber wohl bei der alle deutsche Jugend erfassenden und erziehenden Hitler-Jugend. Ich weiß nicht, wieweit die Elternhäuser da noch ein Gegengewicht sein können. –

Nach einer Auswahl, die unergründlich ist, werden jüdische Männer aus ihren Wohnungen von der Geheimen Staatspolizei weggebracht.

Wie man im Schlafe aufschrickt – als würden Hanni, Brigitte, Renerle abgeholt –, das sagt genug.

Hanni ist in der Vermögensangabeangelegenheit nun für diesen Sonnabend aufs Polizeiamt bestellt.

11. November 1938/Freitag

> In der Angst rief ich den Herrn an, und der Herr erhörte mich und tröstete mich. Psalm 118,5

Heute ist es nun durch Goebbels angekündigt: »Die Antwort auf das jüdische Attentat wird auf dem Wege der Gesetzgebung erteilt.« Nun warten die Juden wieder voller Bangigkeit, was über sie hereinbrechen wird. –

Die Arbeit geht weiter, und auch die gute Frau M. klammert sich geradezu daran, daß sie weitergeht, weil sie die Stimmung unter ihren jüdischen Angehörigen kaum noch erträgt. Nach der Kriegserwartung Anfang Oktober ist dies, schon einen Monat nach dem »Frieden von München«, eine sehr, sehr schwere Belastung. – Kein schwerer Gedanke, kein banges Gefühl, durch die man in diesen Tagen nicht hindurch muß. Und wo sie an das letzte Geheimnis rühren, wird zur größten Frage der Judenchrist. In unserem Umkreis, obwohl der Staat Unterschiede nicht macht, sahen wir nämlich noch keinen so leiden wie die anderen Juden, fanden sie alle noch immer wieder unfaßlich geschützt. – Der 91. Psalm: der Psalm der großen Zuversicht. –

Auch das, was Hanni heute von dem Verhalten selbst der recht nationalsozialistischen Südender und Steglitzer von der Marineoffiziersfrau bis zu den Frauen im Bäckerladen, von den Männern am Zeitungsstand bis zum kleinen Nachbarn des – wohl letzten – jüdischen, demolierten Geschäftes hier zu sagen hat, bestätigt, daß man am deutschen Volke nach wie vor nicht zu verzweifeln braucht. Das Volk ist ein Trost, seine moralische Ohnmacht eine furchtbare Sorge.

12. November 1938/Sonnabend

> Ihr Erlöser ist stark, der heißt Herr Zebaoth; der wird ihre Sache ausführen.
> Jeremia 50,34

Die Morgenzeitung. Dr. Goebbels: »Deutschland wird auf die Schüsse Grünspans legal, aber hart antworten.« Waffenbesitz für Juden bei schwerer Strafe verboten. Die Abendzeitung: »Juden dürfen kulturelle Veranstaltungen nicht mehr besuchen. Verordnung von Dr. Goebbels untersagt Zutritt zu Theatern, Kinos, Konzerten, Vorträgen und Ausstellungen . . .« »eine der weiteren Maßnahmen, die mit Schärfe gegen die Juden durchgeführt werden.«
Brief von Toni Milch und Renerle, das ihr solchen Beistand bedeuten soll: auch Werner Milch weggebracht, und niemand weiß, wohin.

Maria Mathi

»Erbarmen . . .«
Krachen, Splittern, Klirren überall – ein gespenstischer Polterabend!
Hinter den verriegelten Haustüren zitterten die Christen, kämpften mit ihrer Angst, kämpften mit einem Entschluß, weinten, beteten. Das Gebet aller Gebete wäre die Tat gewesen; wer aber konnte sie verlangen im Jahre neunzehnhundertachtunddreißig, wenn Petrus sie im Jahre dreiunddreißig nicht zu vollbringen vermochte!
»Elschen, was klirrt so?« Die Tante Rekka horchte auf, hob sich ein wenig in ihrem tiefen Sessel.
Elsa wußte, was der Spektakel zu bedeuten hatte. Das treue Kattche war verstört aus der Stadt heimgekommen, hatte in der Küche mit Elsa geflüstert, hundert Vorschläge gemacht. Die arme alte Frau! Es war alles so plötzlich gekommen, das Unheil stand vor der Tür, ihm zu entfliehen schien nicht mehr möglich. Und die Tante jetzt noch fortbringen, hinten hinaus durch den Garten?

»Soll ich in Reichweins laufen, in Marings, in Germeroths? Irgendwohin zu guten Leuten, damit sie die Frau aufnehmen? Der Germeroths Willy hilft uns bestimmt, er hat immer noch keine Angst, mit dem Moritz und dem Siegfried zu reden, und wär's am hellen Tag mitten auf Schweitzers Eck!«

Aber Elsa schüttelte den Kopf; es hatte keinen Zweck, die Mutter würde sich weigern, könnte es gar nicht begreifen. Die Möglichkeit, daß ihr und ihrem Haus etwas Schlimmes bevorstehe, hatte sie schon bei einer Andeutung so weit weggewiesen, war ärgerlich geworden über die Hartnäckigkeit der andern: »Nun seid aber still! Da denkt doch jeder dran, daß der Samuel für Deutschland gefallen ist.«

»Elschen, wo bleibt der Moritz so lang?« Die brüchige Stimme zitterte sehr; das Schicksal faßte ins Glockenseil – noch wußte das Obere nichts vom Unteren, das Erz ahnte die fremde Hand. »Wo bleibt er nur, Elschen, wo bleibt dein Mann?«

Ehe Elsa antworten konnte, donnerte es gegen die Haustür. Die junge Frau, auf einmal ganz Kälte, ganz Stolz, ging hinaus und zog den Riegel zurück. Ihr Schulkamerad Franz kam als erster über die Schwelle; die Gespielin von einst war ihm Luft. Wortlos, mit herrischer Hebung des Armes, winkte er den Nachdrängenden seine Befehle zu.

Im Klirren und Krachen schreckte die Tante Rekka aus ihrer halben Ohnmacht auf. War sie schon gestorben? Gab es wirklich in einer anderen Welt die Teufel, von denen die Christen sprachen? Schwarz und gespenstisch trieben sie ihr Unwesen; so etwas konnte doch nicht möglich sein in der Welt, in der Rekka bis dahin zu leben glaubte! Die Angst des Untergangs schüttelte sie nun, sie hob die gelblichen Greisenhände aus der Tiefe ihres Sessels empor zu den Schreckgestalten, flehte mit aufeinanderschlagenden Kiefern: »Erbarmen, meine Herrn, Erbarmen!« Eine rohe Lache antwortete ihr, vier Pranken hoben den Sessel an, stülpten die alte Frau aus den Polstern heraus auf den Boden. »Mist zu Mist!« brüllte einer, zertrat mit seinem Stiefelabsatz noch ein unbeschädigt daliegendes Kristallglas, dann war der Spuk vorüber.

Saarbrücker Zeitung *11. 11. 1938*

Die Saarbrücker Synagoge in Flammen

Ein Judenbengel setzte durch seine feige Mordtat an dem deutschen Gesandtschaftsrat vom Rath die ganze deutsche Öffentlichkeit in siedendheiße Erregung, und diese Hitze schien sich gestern morgen auf die Synagoge in der Kaiserstraße übertragen zu haben. Jedenfalls schlugen gegen 8 Uhr in der Frühe die Flammen aus dem Zwiebelturm, der samt dem darunter befindlichen Gebäude noch nie in unser Stadtbild hineingepaßt hatte. Bald hatte sich eine große Menschenmenge in der Kaiser- und Futterstraße angesammelt, die mit größter Spannung den weiteren Verlauf der Dinge verfolgte. Keiner konnte die Genugtuung verbergen darüber, daß nun das Haus, in dem sich noch immer die Judenclique ungestört hatte zusammenfinden können, verschwand. War es nicht wie ein Symbol, als der Judenstern, der auf der höchsten Spitze immer noch kühn in den deutschen Himmel gestarrt hatte, auf einmal brennend durch das knisternde und funkensprühende Gebälk in die Tiefe stürzte! Knistert es nicht genau so im Gebälk des internationalen Judentums, dessen Stern auch im Versinken ist, wenn man es auch mancherorts nicht wahr haben will. Die Menge in den Straßen wich und wankte nicht. Man wollte es erleben, wie die Kuppel zusammenbrach, man wollte dabei sein, wenn dieses äußere Zeichen fremden Volkstums und fremder Geisteshaltung aus dem deutschen Stadtbild getilgt wurde.

Daß man währenddessen in dem neben der Synagoge gelegenen Judenhaus eine Durchsuchung vornahm und allerhand mehr oder weniger wertvolles Material hervorschaffte, diente zur allgemeinen Belustigung und wurde gebührend bejubelt. So ist auch bei uns das alte Sprichwort wahr geworden: »Wer Wind säet, wird Sturm ernten.« rö.

Reinhold Schneider

Am Tage des Synagogensturmes hätte die Kirche schwesterlich neben der Synagoge erscheinen müssen. Es ist entscheidend, daß das nicht geschah. Aber was tat ich selbst? Als ich von den Bränden, Plünderungen, Greueln hörte, verschloß ich mich in meinem Arbeitszimmer, zu feige, mich dem Geschehenden zu stellen und etwas zu sagen. Jochen Klepper hat die Enttäuschung nie verwunden, daß die Kirche als Kirche zu den Freveln am Tempel geschwiegen hat. Das Leben in Deutschland wurde unerträglich. Dankbar folgte ich im Dezember einer Einladung nach Paris. Das war schmähliche Flucht.

Deportation und Lager

Man erkennt sie nicht auf den Gassen;
ihre Haut klebt an ihrem Gebein,
sie ist trocken geworden wie Holz.
Glücklicher waren,
die das Schwert erschlug,
als die der Hunger erschlug . . .

Klagelieder 4,8 und 9

G. M.

Bericht

Ich kann nicht sagen, von wem die Deportation veranlaßt wurde. Befehle wurden uns nicht vorgelegt. Als der SA-Mann mich einen Augenblick verließ und auch der meinem Mann zugeteilte mit ihm in einem anderen Raum war, sah ich auf dem Tisch, an dem ich vernommen wurde, ein Schreiben liegen, von dem ich in der Kürze nur die erste Zeile lesen konnte:
»Sie werden aufgefordert, an der Aktion teilzunehmen, Stettin judenrein zu machen.«
Dann kam der SA-Mann zurück. Der Vorgang spielte sich so ab:
Am 12. Februar 1940 abends acht Uhr klingelten zwei SA-Leute und verlangten, eingelassen zu werden. Sie eröffneten uns, daß wir in der Nacht Stettin zu verlassen hätten. Dann durchräumten sie die ganze Wohnung und machten ein Verzeichnis aller Wertsachen (die für uns sichergestellt werden sollten!!). Alle Sparkassenbücher, Safeschlüssel, alles Silber, Schmucksachen, sogar das Wirtschaftsgeld in der Kasse nahmen sie auf und steckten es in Beutel. Dann beauftragen sie uns, jeder einen kleinen Koffer mit guten Kleidungsstücken zu packen, sogar ein silbernes Eßbesteck erlaubten sie uns. (Auf dem Bahnhof wurde uns dieser Koffer abgenommen und nie haben wir ihn wiedergesehen.)
Der ältere SA-Mann sagte zu mir: »Ziehen Sie sich warm an, wo Sie hinkommen, ist es kalt.« Als ich ihn, hierdurch

ermutigt, fragte, wohin wir kämen, drehte sich der jüngere, vielleicht zwanzig Jahre alte, um und schrie mich an: »Sie kommen zu Ihren Kindern nach ... (Wir hatten damals unsere fünf Kinder, um sie vor den Brutalitäten in der Schule zu schützen, schon in das Ausland gebracht.) Da kein Auto, das uns holen sollte, zur Hand war, warteten wir angezogen die ganze Nacht, bewacht von den zwei, sogar auf die Toilette begleiteten sie uns. Zwei- bis dreimal während der Nacht kam ein Beamter in Zivil und ließ die beiden Meldung machen. Gegen acht Uhr morgens kam das Auto, und wir und noch acht andere Bewohner, jeder mit seinem SA-Mann, wurden zum Güterbahnhof gebracht. Hier haben wir stundenlang gestanden und viele Frauen fielen ohnmächtig um. Als wir an der Reihe waren, wurde ich von meinem Mann getrennt, weil ich keinen jüdischen Ausweis hatte. Ich wurde zu einem höheren Offizier gebracht, und nachdem er mich vergeblich gefragt hatte, ob ich mich scheiden lassen wollte, belegte er mich mit schrecklichen Schimpfworten, nachdem man ihm gesagt hatte, daß ich fünf Kinder im Ausland hätte. Ich wurde dann in ein Büro gebracht, wo ich viermal unterschreiben mußte:
»Ich fühle mich dem Transport angeschlossen und gehe freiwillig mit.« Zwei standen mit Revolvern hinter mir. Dann wurde ich einer Leibesvisitation unterzogen, bekam ein Billett: Gesellschaftsfahrt nach G ... (Der Name ist mir entfallen) und 20 Zloty in die Hand gedrückt und eine Tüte mit einigen Broten und Wurst. Im Zug traf ich dann meinen Mann wieder. Er hatte helfen müssen, die Koffer in die anhängenden Güterwagen zu schleppen, und ich habe gesehen, daß ältere Leute als er, die nicht so tragen konnten, mit Kolbenstößen und, als sie liegen blieben, mit Fußtritten traktiert wurden. – Als alle im Zug waren, wurde abgeschlossen, mittags gab es eine ganz versalzene Graupensuppe und gegen zwei ging der Zug ab. Wir fuhren für drei Tage, ohne einen Tropfen zu trinken, im eiskalten Zug. Da kein Platz für alle war, abwechselnd stehend oder sitzend. Meine Schwiegereltern, die mit uns kamen, waren im 78., ein anderer Verwandter im 83. Lebensjahr. Zeitweise hielt der Zug für Stunden. Wir hörten Schreie und Schüsse, konnten aber durch die dickverfrorenen Scheiben nichts sehen. In unserem Abteil war u. a. ein alter Herr mit einem Blasenlei-

den, er mußte immer katheterisiert werden. Als er vor wahnsinnigen Schmerzen schrie und tobte und der Zug gerade hielt, versuchte einer der Männer das Fenster zu öffnen und nach einem Arzt zu rufen. Die Wache schoß an das Fenster, schrie als sie gehört hatte, um was es sich handele, Fenster zu, laß ihn verrecken, den Hund! Einer hatte zufällig ein paar Tabletten und gab, als er später wieder erwachte, noch einige. Mein alter Verwandter wurde darüber wahnsinnig und wollte aus dem Fenster, vier Männer mußten ihn halten. Dann, in der Nacht um ein Uhr, hielt der Zug plötzlich in Lublin. Soldaten in schwarzen Uniformen rissen die Türen auf und zogen alte Leute, die nicht schnell genug waren, an den Beinen aus dem Wagen. Als wir gesammelt waren, ging der Marsch ins SS-Lager los. Im Laufschritt, unter fortwährendem Schießen; alles, was wir in der Hand hatten, warfen wir fort. Vor mir brach eine Mutter zusammen. Ihre zwei Töchter wurden mit Kolbenstößen weitergetrieben. Diese Leiche und andere wurden mit Füßen an die Seite der Straße gestoßen. Im Lager sanken wir teilnahmslos auf das Stroh am Boden, mußten aber von Zeit zu Zeit aufstehen und Haltung annehmen, wenn die SS erschien. Am Mittag, ohne zu essen oder zu trinken, wurden die Frauen auf offene Schlitten geladen zur Fahrt nach Belzyce oder Piaski. Die Männer hatten die 25 km zu gehen. Es war eine furchtbare Fahrt auf den offenen Schlitten durch Polens weite Schneefelder bei 40 Grad Kälte. Am nächsten Tag im Krankenhaus in Lublin wurden 130 Amputationen verfrorener Glieder vorgenommen, darunter an einem siebenjährigen Mädchen, dem beide Füße, alle Finger der einen Hand und einige der anderen Hand abgenommen wurden. Das Kind kam im Sommer wieder nach Belzyce, ich hatte es zu betreuen. Die Wunden des Fußes waren noch nicht geheilt. (Sie sind nun alle tot, mancher hätte an den furchtbaren Wunden sein Leben zu tragen gehabt.) Ich will nichts schreiben von dem furchtbaren Schmutz, der eisigen Kälte, Läusen, Flecktyphus usw. Ganz schlimm wurde es erst, als Amerika in den Krieg eintrat und die SS sich durch die sogenannten ›Aktionen‹ rächte. Vorher waren es leichte, als da sind Kriechen aller Männer über den Marktplatz an einem Tauwettertag in Polens Lehmboden und Abschneiden aller Bärte auf dem Marktplatz.

Nach Amerika wurden die Aktionen schärfer. Oft erschoß die SS zahlreiche Menschen auf der Straße. Die meisten Männer der Stettiner Gruppe (auch mein Mann) kamen am 11. Mai 1942 ins Lager Majdanek. Am 12. Mai kam der Transport Leipzig von über 1000 Menschen in das kleine ausgehungerte Städtchen, und damit war das Schicksal aller besiegelt. Ich weiß nicht, wie wir uns gehalten haben bis zum 2. Oktober, an dem die meisten jungen Menschen nach Majdanek kamen, und bis zum 13. 10. 1942, an dem (nachdem an zwei Tagen alle Juden der Umgebung zusammengezogen waren) 5300 Menschen über die Landstraßen in die Gaskammern gingen. Der Ort bot ein entsetzliches Bild, die Wohnungen zerstört und überall war Blut auf der Straße. Das ganze Spital war ausgeschossen.
Ich wurde wie durch ein Wunder gerettet, kam in das Lager Belzyce, in dem die Überlebenden gesammelt wurden, im Dezember 1942 nach Majdanek und November 1943 nach Ravensbrück, nachdem ich am letzten Tag in Belzyce noch mitansehen mußte, wie die SS die Männer nach Majdanek schickte, die Frauen in Reihen aufstellte und an ihnen vorbei Ukrainer-Soldaten ihre Kinder forttrugen, auf Lastwagen warfen und auf dem jüdischen Friedhof erschossen. Das herzzerreißende Schreien der Mütter werde ich niemals vergessen. – Die Zustände in Majdanek und Ravensbrück sind zu bekannt, als daß ich sie beschreiben müßte.
Mein Mann ist in Majdanek geblieben, ich weiß nicht wie. Es hieß damals: Contingent 400.

Lucie Adelsberger

Wohnungsräumung

Frau X, Leiterin der Jüdischen Wohnungsberatungsstelle in Berlin, war im August 1941 zur Gestapo beordert worden. Die Fama sagt, daß sie sehr bleich und mitgenommen zurückgekehrt sei. Skeptiker lächelten darüber: Wieder einmal ein Gerücht und ein Beweis, wie schnell sich um exponierte Personen ein Mythos spinnt. Weshalb sollte Frau X durch eine Besprechung mit der Gestapo, die mindestens einmal wöchentlich zu ihren Funktionen gehörte, derangiert sein – eine Frau mit Schiffstauen an Stelle von Nerven und durch jahrelanges Training im Polizeidienst geübt, Überraschungseffekte und Sentiments äußerlich unbeeindruckt hinzunehmen? Sonst hätte sie ihr Amt als Chef der Jüdischen Wohnungsberatungsstelle nicht meistern können in einer Zeit, wo es zum guten Ton gehörte, Juden aus ihren Wohnungen zu werfen, um die Häuser judenrein zu machen, und Ersatzwohnungen in sogenannten »arischen« Häusern an Juden nicht zugewiesen werden durften. Auf der Straße nächtigen durften sie auch nicht, und so waren die jüdischen Wohnungen mit zahlreichen Familien bis auf die letzte Kammer ausgenutzt. Trotzdem soll Frau X, wie auch noch verlautete, in jener Geheimsitzung auf die Frage der Gestapo, ob sie noch mehr Wohnungen judenfrei machen und zur Verfügung stellen und die Bewohner anderswo unterbringen könne, ja gesagt haben – was ihr von einigen verübelt wurde. Etwa zwei Wochen später erhielten 1000 bis 1200 Familien einen Brief folgenden Inhalts: »Ihre Wohnung ist zur Räumung bestimmt. Sie werden aufgefordert (oder hieß es »gebeten«?), eine Liste Ihres gesamten Mobiliars und Ihrer beweglichen Habe der Wohnungsberatungsstelle einzureichen.« Diese Riesenzahl von Kündigungen auf einen Schub schien auch die Befürchtungen der Frau X zu übertreffen. Sie, der auch ihre Feinde Sauberkeit der Gesinnung und Hilfsbereitschaft zuerkannten, konnte nichts tun, um die tausend Familien mit ihren Angehörigen und allen Untermietern umzulogieren. Ungeduldig Drängenden wurde nur bedeutet, daß sie warten müßten. Man munkelte von Zeltbauten in den Vororten von Berlin, von der Einrichtung eines Gettos, und die Optimisten, die nie ausgestorben sind, wisperten etwas von einer leeren Drohung, um die Juden einzuschüchtern. Das einzige, was feststand, war, daß die Wohnungsberatungsstelle untätig blieb und den Empfängern eines solchen Briefes, wenn sie selber ein Domizil ausfindig gemacht hatten, die zum Umzug unerläßliche Genehmigung nicht erteilte und sie vertröstete. Wochen vergingen, voll der Unruhe, die ein Mensch hat, der nicht weiß, wo er morgen oder vielleicht schon heute abend sein müdes Haupt betten würde, und mit dem ganzen Nervenkribbeln, das jede Unsicherheit zeitigt. Aber schließlich gewöhnt man sich an alles, und Mitte Oktober flammte ein neues Gerücht auf. Durch Undichtigkeit an höherer Stelle sei durchgedrungen, daß die Gestapo am 16. Oktober wieder eine Streife auf Juden unternehmen würde. Alle hatten den 30. Juli noch in lebhafter Erinnerung, an dem die Gestapo schon einmal eine abendliche Exkursion inszeniert und Hunderte von Menschen in das Arbeitslager Wuhlheide gebracht hatte. Wer nicht pünktlich abends um 9 Uhr, zur vorgeschriebenen Zeit, in seiner Wohnung angetroffen worden war und gar noch auf der Straße »herumflaniert« hatte, wurde dorthin geschickt: 30 Tage in einem Arbeitslager mit seinem Drill auf Zeit sind eine drastische Erziehungsmethode für unpünktliche Leute, und es wurden sogar alle anderen davon beeindruckt. Die zerbrochenen Glieder und die ausgedehnten Wundentzündungen, die die wenigen, die von Wuhlheide lebend herauskamen und im Krankenhaus vegetierten, aufwiesen, waren für alle ein sehr wirksames Mittel der Erziehung zur Pünktlichkeit. Brav und folgsam waren am 16. Oktober 1940 alle Juden abends zu Hause, auch die wenigen, die sonst noch abendliche Eskapaden zu unternehmen wagten.

Am 17. 10. morgens sprach es sich herum, daß die Gestapo wirklich gearbeitet hatte. Alle Wohnungen, für die der Räumungsbefehl ergangen war, waren geräumt worden. In dunkler Nacht – bescheiden, wie die Gestapo war, verlegte sie ihre Arbeit gern in die Nacht, um nicht zu viel Publikum zu haben und um nicht in ihrem Eifer bewundert zu werden – von 9 bis 12 Uhr waren die Leute mit ihrem schnell und notdürftig zusammengerafften Gepäck aus ihren Wohnungen geholt worden, jung und alt, gesund und krank, auch wenn sie kaum trippeln konnten. Sie waren zur nächsten Polizeiwache geführt worden, um sich ordnungsgemäß abzumelden, wie es sich in einem guten Staatswesen geziemt, um dann in der Synagoge in der Levetzowstraße gesammelt zu werden. Ehe man noch Genaueres wußte, waren sie abgefahren. Später hörte man durch Kurzkarten, daß sie in Litzmannstadt-Lodz gelandet waren.

So wurde die Wohnungsnot behoben.

Das war der Anfang in Berlin. Vorher waren die Stettiner Juden abtransportiert worden, durch »eine Einzelaktion eines übereifrigen Gauleiters«, wie man sich tröstete. Und als die Juden aus Baden im Oktober 1940 insgesamt nach Gurs in Südfrankreich deportiert worden waren, schien es gar nicht so schlimm. Das Stück wurde unter Leitung der Gestapo in fast allen Städten Europas viele Male aufgeführt, in Warschau und Oslo, in Amsterdam, in Brüssel, in Paris, in Saloniki und überall waren die neuen Akteure erstaunt, daß sie mittun mußten . . .

Angst ist, was in Deinem Kämmerchen an den Wänden hängt, am Fußboden kriecht und von der Decke herunterrieselt, und wenn Du den Fuß über die Schwelle setzt, Dich an der Türe umfängt und in ein unentrinnbares Netz einkapselt und lauernd hinter den Häusern lungert, um Dich anzufallen, sobald Du Dich auf die Straße wagst. Sie ist überall um Dich herum, in allen Aggregatzuständen, fest, flüssig, luftförmig, sie preßt Dich von außen und sickert in Dich hinein und Du mußt sie tief innen in Dir festhalten, schweigend, um sie nicht noch auf die anderen zu übertragen. Sie dauert in der Nacht und wischt den Schlaf von Deinen müden Lidern, und am Tag, an allen folgenden Tagen, in allen Wochen und allen Monaten, pausenlos, lückenlos. Sie hat einen Anfang und kein Ende . . .

Könnt Ihr Euch vorstellen, was es heißt, vor jeder Post zittern, die dreimal am Tage kommt, in Erwartung einer Vorladung zur Gestapo oder des Schreibens vom Jüdischen Rat, der Dich laut seiner amtlichen Liste an dem oder dem Tage zur Evakuierung einlädt, Dich und Deinen Mann oder Deine Eltern oder Deinen Sohn, der Reihe nach jeden, dem Dein Herz gehört? Oder ahnt Ihr, was für ein Marterwerkzeug die Klingel sein kann, wenn man von morgens bis abends mit allen Fibern auf sie lauscht und ihre eingebildeten Schwingungen einen aus dem tiefsten Schlaf aufscheuchen, wenn die Hitler-Jungen schon beim Morgengrauen daran zerren, um Dich auf das Erscheinen der Gestapo vorzubereiten, und wenn es spät abends Sturm läutet und ein sadistischer Portier, der Deine Angstphasen kennt und frohlokkend verfolgt, Dich um die Leiter bittet.

Angst war das Leben der »politisch nicht zuverlässigen Elemente« und der Juden überall da, wo Hitler seinen Fuß hinsetzte. Wer dieses Gehetztsein nicht mit allen überempfindlichen Rezeptoren gekostet hat, weiß nicht, was Angst ist. Angst ist der Vorraum zur Hölle.

Massenmord

Fressen unsre Leichen Raben?
Müssen wir vernichtet sein?
– Sag, wo werd ich einst begraben –
Herr, ich will nur Freiheit haben,
Und der Heimat Sonnenschein.

Kindergedicht, Auschwitz 1944

Tadeusz Borowski

Und sie gingen . . .

Zuerst haben wir auf dem leeren Feld hinter den Krankenbaracken den Fußballplatz gebaut. Das Feld lag »günstig« – links davon das Zigeunerlager mit den ewig herumstreunenden Kindern, mit den Frauen, die fast ständig auf den Latrinen saßen und den hübschen Pflegerinnen, die bis auf den letzten Faden gestärkt umherliefen; dahinter – der Stacheldraht, dann die Rampe mit dem breiten Schienenstrang, auf dem immer wieder Züge standen, und hinter der Rampe das Frauenlager. Frauenlager sagte niemand, FKL war die übliche Bezeichnung, das reichte. Rechts vom Feld waren die Krematorien, eines jenseits der Rampe, neben dem FKL, das zweite etwas näher, beinahe schon am Draht. Solide Bauten, tief in den Boden eingelassen. Hinter den Krematorien begann der kleine Wald, durch den man gehen mußte, wenn man ins weiße Haus wollte.
Wir bauten den Fußballplatz im Frühling, und noch ehe er fertig wurde, pflanzten wir unter den Fenstern Blumen, streuten die schmalen Wege zwischen den Baracken mit rotem Pulver aus zerriebenen Ziegelsteinen. Spinat wurde ausgesät, Salatpflanzen gesetzt, Sonnenblumen und Knoblauch. Die Rasenstücke, die wir aus dem Feld stachen, trugen wir zu unseren Baracken herüber und legten großartige Grasflächen an. Jeden Tag wurden die Beete gespritzt, das Wasser schleppten wir in Kübeln aus dem Waschraum des Lagers heran. Gerade als die Blumen etwas gewachsen waren, wurde auch der Fußballplatz fertig.

Das Grünzeug wuchs jetzt von selbst, die Kranken konnten in ihren Betten auch allein gelassen werden: also spielten wir Fußball. Abends, wenn das Essen ausgeteilt war, durfte jeder mitspielen. Andere gingen lieber zum Stacheldraht und unterhielten sich über die ganze Breite der Rampe hinweg mit den Frauen im FKL.

Einmal war ich im Tor. Es war Sonntag, eine Menge der leichteren Patienten und viele Pfleger standen um den Spielplatz herum und sahen uns zu. Jemand jagte über den Fußballplatz, ein anderer lief ihm nach und wahrscheinlich hatten sie auch einen Ball. Ich stand, wie gesagt, im Tor – den Rücken der Rampe zugekehrt. Der Ball flog ins Aus, rollte bis an den Draht heran. Ich lief ihm nach. Als ich ihn aufhob, blickte ich zufällig zur Rampe.

Eben war ein Zug herangefahren. Aus den Güterwaggons kamen Menschen und gingen zum Wald hin. Von weitem sah ich nur die bunten Kleckse der Frauenkleider. Offenbar trugen die Frauen Sommerkleider, zum erstenmal in diesem Jahr. Die Männer hatten ihre Jacken ausgezogen, die weißen Ärmel der Hemden leuchteten. Die Prozession schob sich langsam vorwärts, immer mehr Menschen schlossen sich dem Strom an. Ich lief mit meinem Ball zurück und warf ihn ins Spiel. Der Ball wechselte von Bein zu Bein, kam im großen Bogen wieder zu mir ans Tor. Ich schlug ihn aus, wieder in die Ecke. Er rollte ins Gras. Ich ging ihn holen. Als ich ihn aufhob, sah ich noch einmal zur Rampe hinüber. Ich erstarrte. Die Rampe war leer. Kein einziger Mensch war von der bunten, sommerlichen Menge übriggeblieben. Die Waggons wurden ebenfalls weggezogen. Die Baracken des FKL waren klar zu sehen. Am Stacheldraht standen wieder die Pfleger und riefen den Mädchen zu, die von jenseits der Rampe antworteten.

Ich kehrte mit dem Ball zurück und warf ihn ins Spiel. Eine Ecke. Zwischen zwei Eckbällen hatte man hinter meinem Rücken dreitausend Menschen vergast.

Die Menschen gingen auf zwei Wegen in den Wald hinein. Der erste Strom floß direkt von der Rampe hin, der andere kam von der anderen Seite, an unserem Krankenhaus vorbei. Beide Wege führten ins Krematorium, aber einige hatten doch Glück und gingen weiter, bis in die Sauna, die nicht nur Baden und Entlausen und Friseur und neue, ölfarbene

Fetzen bedeutete, sondern auch Leben. Sicher, Leben im Lager, aber immerhin Leben.
In der Frühe, wenn ich aufstand, um den Boden zu schrubben, gingen sie – den einen und den anderen Weg. Frauen, Männer und Kinder. Und trugen ihre schweren Bündel.
Als ich mich zum Mittagessen setzte – es schmeckte besser als zu Hause, gingen sie – den einen und den anderen Weg. Unser Block war sehr sonnig, wir öffneten die Fenster und die Tür und bespritzten den Fußboden, damit der Staub sich legte. Nachmittags ging ich ins Hauptlager, um die Päckchen zu holen, die mit der Morgenpost ins Magazin gekommen waren. Der Schreiber trug Briefe aus. Die Ärzte machten ihre Visiten, ihre Verbände, Spritzen und Punktionen. Übrigens gab es nur eine einzige Injektionsspritze im ganzen Block. An warmen Abenden saß ich in der offenen Tür und las Pierre Loti, und sie gingen den einen und den anderen Weg.
Nachts trat ich manchmal hinaus, vor den Block – die Lampen leuchteten über den Drähten. Der Weg lag im Dunkeln, aber ich hörte deutlich das entfernte Murmeln von Tausenden von Stimmen – sie gingen und gingen. Über dem Wald glomm ein roter Feuerschein und erleuchtete den Himmel, und mit dem flackernden Feuer erhob sich Menschengeschrei.
Ich starrte in die dunkle Nacht, stumm, reglos. Alles in mir bebte und zitterte und zuckte – und ich konnte nichts tun. Mein Körper gehorchte mir nicht mehr, obwohl ich jede Zuckung spürte. Ich war vollkommen ruhig, aber mein Körper rebellierte.
Kurz danach ging ich aus dem Spital ins Lager. Es war ein ereignisreicher Tag. Die Alliierten landeten an der französischen Küste. Die Ostfront sollte sich verschieben und die Russen bis Warschau vordringen.
Aber bei uns warteten Tag und Nacht Güterwaggons, ganze Reihen, mit Menschen voll beladen. Die Türen wurden geöffnet und sie gingen – den einen und den anderen Weg. Neben unserem Arbeitslager war der unbewohnte und halbfertige Abschnitt C. Nur die Baracken standen schon, und die Drähte waren elektrisch geladen. Aber noch keine Pappe lag auf den Dächern, einige der Baracken hatten noch keine Pritschen. Die Pferdebaracken in Birkenau faßten bis fünf-

hundert Menschen, wenn man dreistöckige Pritschen aufstellte. Im Abschnitt C wurden tausend und mehr junge Mädchen in einer Baracke untergebracht, alles Frauen, die aus jenen Menschen ausgewählt wurden, die gingen. Achtundzwanzig Baracken – mehr als dreißigtausend Frauen. Man hatte ihnen die Köpfe kahlgeschoren und Sommerkleider gegeben, alle ohne Ärmel. Wäsche bekamen sie keine. Auch keine Löffel, keine Schüssel, keinen weiteren Fetzen auf den Leib. Birkenau lag auf sumpfigen Wiesen am Fuß der Berge. Wenn die Luft klar und durchsichtig war, sah man tagsüber die Berge. Morgens ertranken sie im Nebel, der sie wie ein dichter Schleier verhüllte. Die Morgen waren hier ungewöhnlich kalt und feucht. Uns erfrischten sie an heißen Tagen, aber die Frauen, die fünfzig Meter weiter Appell standen, waren blau vor Kälte und drängten sich zusammen wie eine Schar Rebhühner.

Wir gaben dem Lager den Namen Persischer Markt. An schönen Tagen kamen die Frauen aus den Baracken heraus und standen zwischen den Blocks herum. Von weitem sahen die bunten Sommerkleider und die farbigen Tücher, die ihre kahlgeschorenen Köpfe verhüllten, wirklich wie ein fröhlicher, lebendiger Markt aus. Und weil er so exotisch wirkte, nannten wir ihn den Persischen Markt.

Von weitem waren weder die Gesichter noch das Alter der Frauen zu erkennen. Man sah nur weiße Flecken und die Gestalten, die wie Pastellzeichnungen anmuteten.

Der Persische Markt war ein erst halbfertiges Lager. Das Wagner-Kommando baute hier eine Steinstraße, und eine schwere Walze rollte dumpf über die Baustelle. Andere stocherten in den Kanalisationen und Wasserleitungen herum, die neuerdings überall in Birkenau frisch gelegt wurden. Noch andere legten den Grundstock zum kommenden Wohlstand dieses Abschnittes; sie fuhren Steppdecken und Wolldecken heran, brachten Schüsseln und Eimer und andere Blechgeräte und stapelten alles im Magazin auf, in dem der Chef, ein SS-Mann, regierte. Selbstverständlich ging ein Teil dieser Sachen sofort und direkt an das Lager über. Die dort arbeitenden Menschen stahlen alles, was sie konnten. Das war übrigens der einzige Nutzen, den diese Dinge brachten: man konnte sie klauen.

Meine Gesellen und ich haben alle Dächer der Blockältesten

des Persischen Marktes gedeckt. Wir taten es weder auf Befehl noch aus Mitleid. Die Pappe war organisierte Ware, und der Teer war auch geklaut. Wir deckten die Dächer auch keineswegs aus Solidarität mit den alten Nummern, den Pflegerinnen aus dem FKL, die hier alle Funktionen übernahmen. Jede Papprolle, jeden Eimer Teer mußten die Blockleiterinnen blutig bezahlen. Dem Kapo, dem Kommandoführer, den Kommandoprominenten. Sie zahlten, wie sie konnten: mit Geld, mit Lebensmitteln, mit ihren Frauen, manche gab sich selbst. Je nachdem.

Wir deckten die Dächer, die Elektriker legten zu denselben Bedingungen die Leitungen, die Zimmerleute bastelten die Buden und so manches, was man hineinstellen konnte. Alles aus organisiertem Holz. Die Maurer schleppten gestohlene Eisenöfen herbei und besorgten, was sonst noch nötig war. Auch sie wurden ebenso bezahlt wie wir.

Damals erkannte ich das Gesicht dieses sonderbaren Lagers. Wir kamen frühmorgens ans Tor, jeder schob einen Karren mit Pappe und Teer vor sich her. Im Tor standen die Wachmänninnen, breithüftige Blondinen in hohen Schaftstiefeln. Sie filzten uns und ließen uns passieren. Später kamen sie ins Lager, um die Baracken zu kontrollieren. Viele von ihnen hatten ihren Liebhaber unter den Maurern und den Zimmerleuten. In den halbfertigen Waschräumen oder in den Buden der Barackenältesten hielten sie Schäferstündchen.

Dann fuhren wir tiefer ins Lager hinein und zündeten ein großes Feuer irgendwo auf einem freien Platz zwischen den Baracken an, um unseren Teer zu kochen. Im Nu drängten sich die Frauen um uns herum. Sie bettelten um ein Messer, um ein Taschentuch, um einen Löffel oder einen Bleistift, ein Stück Papier oder einen Schnürsenkel. Oder um Brot. »Ihr seid doch Männer«, sagten sie. »Ihr könnt alles. Ihr lebt schon so lange im Lager und seid nicht gestorben. Bestimmt habt ihr alles. Warum wollt ihr nicht mit uns teilen?«

Wir gaben ihnen jede Kleinigkeit, drehten unsere Taschen um, um ihnen zu zeigen, daß wir wirklich nichts mehr hatten. Unsere Hemden zogen wir aus und gaben sie ihnen. Schließlich ging es so weit, daß wir nur noch mit leeren Taschen kamen und nichts mehr hergaben.

Die Frauen waren nicht alle so gleich, wie es aus der

Perspektive des zweiten Abschnittes, keine zwanzig Meter weiter links, ausgesehen hatte.
Kleine Mädchen waren darunter, mit langen, nicht abgeschnittenen Haaren und den erstaunten Gesichtern kleiner Cherubim von Darstellungen des Jüngsten Gerichts. Junge Mädchen waren da, die verwundert den Frauen zusahen, die sich um uns drängten, und für uns brutale, kaltschnäuzige Männer nur Verachtung hatten. Verheiratete Frauen kamen und fragten uns nach ihren Männern, Mütter suchten nach Spuren ihrer Kinder.
»Uns geht es so schlecht, wir frieren und hungern«, weinten und klagten sie. »Geht es den Kleinen wenigstens besser?«
»Ganz bestimmt geht es ihnen besser, wenn es einen Gott gibt und Gerechtigkeit«, sagten wir ernst, ohne das übliche Feixen und Mogeln.
»Sie sind doch nicht tot?« fragten sie und sahen uns mit großen, unruhigen Augen an.
Wir gingen schweigend davon, plötzlich hatten wir es eilig, an unsere Arbeit zu kommen.
Die Blockältesten auf dem Persischen Markt waren durchwegs Slowakinnen, weil sie die Sprache der Frauen verstanden. Alle diese Mädchen hatten schon einige Jahre des Lagers hinter sich. Sie kannten noch die Anfänge des FKL, jene Zeiten, in denen die Frauenleichen überall um die Baracken herumlagen und in den Krankenbetten verwesten, weil sie niemand hinaustrug. Sie kannten die abscheulich stinkenden Haufen menschlichen Kots, die sich in den Baracken sammelten.
Nach außen waren sie grob, aber innerlich hatten sie sich ihre frauliche Weichheit und – Güte bewahrt. Natürlich hatten auch sie ihre Liebhaber, und auch sie klauten Margarine und Konserven, um damit die Kleider zu bezahlen, die man ihnen aus den Beständen der beschlagnahmten Güter brachte, aber . . .
. . . aber ich denke an Mirka, das kleine, untersetzte Mädchen in Rosa.
Sie hatte sich ihre Bude ganz in Rosa eingerichtet, die winzigen Vorhänge in dem kleinen Fenster waren rosa, sogar die Luft in ihrer Bude hatte einen rosigen Schimmer und hüllte das hübsche Gesicht und die ganze Gestalt wie ein duftiger Schleier ein. Ein Jude aus unserem Kommando,

dem sie die Zähne eingeschlagen hatten, war in Mirka verliebt.
Im ganzen Lager kaufte er frische Eier auf und warf sie, weich eingepackt, über den Stacheldraht. Er saß stundenlang bei ihr und kümmerte sich weder um die kontrollierenden SS-Männinen noch um den Chef, der herumging, den großen Revolver nachlässig an die weiße Sommeruniform geschnallt. Wir nannten ihn Philipp, weil er immer ausgerechnet dort aus dem Boden wuchs, wo man ihn am allerwenigsten gebrauchen konnte.
Eines Tages kam Mirka unter das Dach gelaufen, das wir gerade deckten. Sie winkte dem Juden zu und rief mir zu: »Kommen Sie herunter. Vielleicht können auch Sie mir helfen.«
Wir glitten vom Dach herunter, an der Barackentür herab. Sie nahm uns an der Hand und zog uns mit. Zwischen den Pritschen hindurch führte sie uns zu einem Lager aus bunten Decken, auf denen ein Kind lag. »Schaut mal«, sagte sie aufgeregt, »es stirbt doch gleich. Was soll ich tun? Warum ist es so plötzlich krank geworden?« Das Kind schlief sehr unruhig. Es sah wie eine Rose aus, umgeben vom goldenen Schimmer der hellen Haare, die sich um das vom Fieber gerötete Gesicht ringelten.
»Wie schön das Kind ist!« flüsterte ich.
»Schön!« schrie Mirka. »Wem sagen Sie das? Aber es kann sterben. Ich muß es verstecken, sonst wird man es mir vergasen. Die SS-Männin kann es finden. Helft mir!«
Der Jude legte ihr die Hand auf die Schulter. Sie schüttelte seine Hand ungeduldig ab und begann zu schluchzen. Ich zuckte die Schultern und ging hinaus.
Von weitem sah ich neue Güterwaggons, die sich an der Rampe entlang vorwärtsschoben. Sie brachten neue Menschen, die gehen würden. Zwischen den zwei Lagerabschnitten marschierte das Kanada-Kommando von der Arbeit zurück ins Lager. Die zweite Gruppe, die die erste ablöste, kam ihm entgegen. Über dem Wald hing eine Rauchwolke. Ich ertappte mich bei dem Gedanken, daß ich auch so ein schönes Kind haben möchte, mit rosigen Wangen, die der Schlaf gerötet hatte, und mit dem goldenen Haar, das sich über das Kopfkissen ergoß.
Ich lächelte über den Gedanken, den ich kaum zu Ende zu

denken wagte, und ging wieder hinauf aufs Dach, um weiterzukleben.

Ich erinnere mich an eine andere Blockälteste, ein hochgewachsenes Mädchen mit breiten Füßen und großen, roten Händen. Sie hatte keine eigene Bude, nur ein Bett, das mit ein paar Decken zugedeckt war, und einige weitere Decken an Schnüren aufgehängt, die wie Zwischenwände ihr Bett von dem übrigen Raum trennten.

»Sie sollen nicht glauben«, sagte sie und wies auf die Frauenköpfe, die dicht nebeneinander auf den Pritschen lagen, »daß ich von ihnen weglaufen will. Ich kann ihnen nichts geben, ich nehme aber auch nichts.«

»Glaubst du«, fragte sie mich eines Tages bei einem Wortgeplänkel, »daß es auch nach dem Tode noch Leben gibt?« – »Manchmal«, sagte ich zögernd. »Im Gefängnis habe ich einmal daran geglaubt und dann noch einmal, im Lager, als ich beinahe gestorben wäre.«

»Und wenn man etwas Böses tut, wird man bestraft, nicht wahr?«

»Wahrscheinlich, wenn es nicht eine höhere Norm von Gerechtigkeit gibt als die menschliche. Du verstehst doch, was ich meine, nicht? Die Enthüllung der Beweggründe, inneren Antriebe, die Unerheblichkeit der Schuld, gemessen an einem anderen, höheren Sinn der Welt. Kann man ein Verbrechen, das in zwei Dimensionen verübt wurde, in drei Dimensionen bestrafen?«

»Denk doch normal, wie ein Mensch!« schrie sie mich an.

»Dann muß Schuld allerdings bestraft werden, das ist klar.«

»Und du würdest nur Gutes tun, wenn du könntest?«

»Ich bin auf keine Belohnung aus. Ich bin Dachdecker und versuche, das Lager zu überleben.«

»Und du glaubst«, wies sie mit dem Kopf in eine unbestimmte Richtung, »daß man sie nicht strafen soll?«

»Ich glaube, daß Menschen, denen Unrecht geschieht, die unschuldig leiden, Gerechtigkeit allein nicht genügt. Sie wollen, daß auch die Schuldigen leiden. Das erst empfinden sie als Gerechtigkeit.«

»Du bist ein kluger Bursche. Aber ich glaube trotzdem nicht, daß du es fertigbrächtest, gerecht die Suppe zu verteilen. Deiner Freundin würdest du sicher mehr geben«, sagte sie und verschwand im Innern der Baracke.

Die Frauen lagen auf den Pritschen, Kopf neben Kopf. In den steinernen Gesichtern glühten große Augen. Im Lager machte sich schon der Hunger bemerkbar. Die rothaarige Blockleiterin schlich von einer Pritsche zur anderen und verwickelte die Frauen in ein Gespräch, um sie vom Denken abzuhalten. Jedes Mädchen, das singen konnte, wurde von der Pritsche heruntergeholt und mußte singen. Diejenigen, die tanzen konnten, mußten tanzen. Konnte eine gut deklamieren, mußte sie Gedichte vortragen.

»Immer wieder fragen sie mich, wo ihre Mütter und Väter sind. Und bitten mich, daß sie ihnen schreiben dürfen.«

»Mich bitten sie auch«, sagte ich. »Da kann man nichts machen.«

»Dich! Du kommst und gehst, aber ich? Ich bitte und flehe sie an, sie sollen sich nicht zum Arzt melden, wenn sie krank sind, sie sollen still sitzen und nicht aus der Baracke hinausgehen, wenn sie schwanger sind. Und meinst du, sie glauben mir? Ich will doch nur ihr Bestes. Aber wie kann ich ihnen helfen, wenn sie sich selbst ins Gas drängen?«

Ein Mädchen stand auf dem Ofen wie auf einem Podium und sang einen Schlager. Als es aufhörte, klatschten die anderen Frauen Beifall. Das Mädchen verbeugte sich und dankte lächelnd. Die Rothaarige griff sich mit beiden Händen an den Kopf.

»Ich kann nicht mehr«, zischte sie und stürzte sich auf das Mädchen.

»Herunter mit dir!« befahl sie. In der Baracke wurde es still. Die Rothaarige hob die Hand.

»Ruhe«, sagte sie, obwohl kein einziger Laut zu hören war. »Ihr habt mich gefragt, wo eure Eltern und eure Kinder sind. Ich hab's euch nicht gesagt, weil es mir leid tat um euch. Jetzt werde ich es euch aber sagen, damit ihr Bescheid wißt, weil man mit euch dasselbe macht, wenn ihr krank werdet. Eure Kinder, eure Männer und eure Eltern sind in keinem anderen Lager. Man hat sie in den Keller gestopft und mit Gas vergiftet. Vergast, versteht ihr? Wie Millionen andere, wie meine Eltern auch. Und jetzt wird man sie verbrennen. Im Krematorium und in der Grube. Der Rauch, der über dem Wald hängt und über den Dächern, kommt nicht aus der Ziegelei, wie man euch erzählt hat. Der Rauch, das sind eure Kinder. So. Und jetzt kannst du weitersingen«, wandte sie sich zu dem erschrockenen Mädchen, drehte sich um und ging hinaus.

Es ist bekannt, daß sich die Verhältnisse in Auschwitz und Birkenau gebessert hatten. Zuerst wurden die Häftlinge auf den Kommandos allgemein geschlagen und getötet. Dann nur noch sporadisch. Zuerst lagen die Leute auf dem blanken Boden und mußten sich auf Befehl von einer Seite auf die andere drehen. Dann schliefen sie auf Pritschen und durften sich drehen, wann und wie sie wollten. Manche schliefen sogar allein in einem Einzelbett. Zuerst stand man zwei Tage lang Appell, dann nur noch bis zum zweiten Gongschlag um neun Uhr. In den ersten Jahren war es verboten, überhaupt Päckchen zu schicken, später wurden Päckchen bis zu fünfhundert Gramm zugelassen, schließlich konnte man schicken, wieviel man wollte. Zuerst durften die Häftlinge überhaupt keine Taschen haben, zuletzt erlaubte man in Birkenau sogar Zivilanzüge. Im Lager wurde es »immer besser«. Nach drei oder vier Jahren. Kein Mensch wollte mehr an den Anfang denken, man vermochte sich die einstigen Zeiten kaum noch vorzustellen. Jeder war stolz darauf, daß er es hinter sich und überlebt hatte.

Je schlechter es den Deutschen an der Front ging, desto besser wurde es im Lager. Und an der Front wurde es immer schlimmer . . .

Auf dem Persischen Markt schien sich die Zeit zurückzudrehen. Wir sahen wieder Auschwitz aus dem Jahre vierzig. Die Frauen verschlangen gierig die Suppe, die kein Mensch mehr aß. Sie stanken nach Schweiß und Monatsbluten. Von fünf Uhr früh standen sie Appell. Bis sie alle gezählt wurden, war es neun. Dann erst bekamen sie den kalten Kaffee. Um drei Uhr nachmittags begann der Abendappell, und sie kriegten das Abendessen: Brot. Weil sie nicht arbeiteten, hatten sie keinen Anspruch auf Arbeitszulage.

Ab und zu wurden sie aus den Baracken hinausgejagt: Appell außerhalb des Programms. Sie stellten sich auf, zu fünft, dicht nebeneinander, und dann durften sie einzeln wieder in die Baracken zurück. Die SS-Männinnen, breithüftige Blondinen in hohen Schaftstiefeln, holten die mageren, die häßlichen, die dickbäuchigen Frauen aus den Reihen heraus und warfen sie »ins Auge«. Das Auge war ein Kreis, den die Stubenältesten, die sich an den Händen hielten,

gebildet hatten. Ein geschlossener Kreis – der Kreis hatte sich geschlossen. Wie ein makabres Spiel sah es aus, wenn dieser Kreis, dicht mit Frauen gefüllt, sich zum Tor schob und dort mit dem großen Kreis verschmolz. Fünfhundert, sechshundert, tausend Frauen. Und sie alle gingen – den einen Weg.
Manchmal kam die SS-Männin in die Baracke. Sie blickte von einer Pritsche zur anderen, eine Frau, die Frauen ansah. Sie fragte, welche denn zum Arzt möchte, welche schwanger sei. Im Krankenhaus gäbe es Milch und Weißbrot.
Von den Pritschen erhoben sich Frauen und gingen, unter dem forschenden Blick einer Frau, zum Tor, durch das Tor hinaus und weiter – den einen Weg.
Unsere freie Zeit – wir arbeiteten, um die Zeit totzuschlagen, denn es gab wenig Material – verbrachten wir auf dem Persischen Markt, bei den Blockältesten, vor den Baracken oder in der Latrine. Bei den Blockältesten tranken wir Tee oder machten ein Nickerchen auf dem gastlich hergerichteten Bett. Vor den Baracken schwatzten wir mit den Maurern und mit den Zimmerleuten. Die Frauen kamen dazu, jetzt schon in Pullis und Strümpfen. Wenn man bloß einen Fetzen mitbrachte – egal, was es war –, konnte man mit den Weibern machen, was man wollte. Seit das Lager stand, war das Angebot an Frauen noch nie größer gewesen.
Die Latrine ist für Männer und Frauen gemeinsam, nur durch eine Zwischenwand getrennt. Auf der Frauenseite gibt es Krach und Gedränge. Bei uns – Stille und angenehme Kühle, weil alles aus Beton ist. Man sitzt stundenlang hier herum und führt verliebte Dialoge mit der kleinen Katja, der hübschesten Klosettfrau, die hier putzt. Die Situation stört niemanden. Man hat schon soviel gesehen im Lager.
Der Juli ging vorbei. Tag und Nacht gingen die Menschen – den einen und den anderen Weg. Von der ersten Morgendämmerung bis in die tiefe Nacht hinein stand der Persische Markt Appell. Die Tage waren schön und heiß, und der aufgeweichte Teer tropfte von den Dächern. Dann kam Regen und scharfer Wind. Die Morgen waren durchdringend kalt. Aber auch die schlechten Tage gingen vorüber, das Wetter wurde wieder schön. Auf der Rampe fuhren immer neue Züge ein, immer mehr Menschen gingen – immer weiter. Oft standen wir morgens vor dem Tor und

konnten nicht an unsere Arbeit gehen, weil sie uns den Weg versperrten.
Sie gingen langsam, in kleinen, losen Gruppen, und hielten sich an den Händen. Frauen, Greise, Kinder. Sie gingen am Stacheldraht entlang und wandten uns ihre schweigenden Gesichter zu. Mitleidig sahen sie uns an und warfen uns Brotstücke zu. Die Frauen nahmen ihre Armbanduhren ab, warfen sie über den Stacheldraht vor unsere Füße und bedeuteten uns, daß wir sie behalten dürften.
Das Orchester am Tor spielte schneidige Foxtrotts und langsame Tangos. Das Lager sah den Menschen zu. Ein Mensch hat nur eine beschränkte Auswahl von Reaktionen, mit denen er auf große Empfindungen und gewaltige Leidenschaften antwortet. Er zeigt sie nicht anders als die kleinen, gewohnten Reaktionen. Auch die Worte sind die gleichen, einfachen Worte.
»Wieviel sind schon gegangen? Seit Mitte Mai sind es gerade zwei Monate. Wenn du zwanzigtausend pro Tag rechnest – beinahe eine Million!«
»Aber so viele haben sie nicht jeden Tag vergast. Zum Teufel auch, vier Schornsteine und die paar Gruben.«
»Na schön, dann nimm es also anders rum. Aus Kosyce und Munkacz waren es fast sechshunderttausend, alle haben sie hergebracht, was willst du dir noch vormachen? Und aus Budapest kamen auch gute dreihunderttausend. Na?«
»Das kann dir doch egal sein.«
»Ist es auch. Es wird aber doch wohl bald zu Ende sein. Sie werden sie alle ausrotten.«
»Es gibt noch mehr.«
Man zuckt die Schultern und schaut weiter auf den Weg. Hinter den Menschengruppen gehen ganz langsam die SS-Männer, ermuntern die Menge mit gutmütigem Lächeln zum Weitergehen. Sie zeigen, daß es nicht mehr weit sei, und klopfen irgendeinem greisen Alten auf die Schulter, als er plötzlich, etwas abseits von seiner Gruppe, ganz schnell zum Straßengraben läuft, hastig die Hose herunterzieht und sich hinhockt. Der SS-Mann weist mit der Hand auf die sich entfernende Gruppe, der Alte nickt eifrig mit dem Kopf, zieht sich die Hose hoch und läuft hinterher.
Man lächelt amüsiert beim Anblick eines uralten Menschen, der es so eilig hat, in die Gaskammer zu kommen.

In der Effektenbaracke war das Dach leck, und wir gingen hin, um es zu streichen. Ganze Berge von Kleidern und Gepäckstücken lagen da herum, noch keiner hatte sie durchgestöbert. Schätze, die man denen weggenommen hatte, die gingen, nun lagen sie hier herum, Sonne, Wind und Regen preisgegeben.

Wir steckten das Feuer unter unserem Teerkessel an und gingen los: organisieren. Einer brachte einen großen Eimer Wasser, ein anderer einen Sack mit getrockneten Kirschen oder Pflaumen, noch einer holte ein Säckchen Zucker. Dann kochten wir Kompott und trugen es hinauf aufs Dach, damit auch die etwas bekämen, die dort oben taten, als ob sie arbeiteten. Die zweite Arbeitsgruppe briet ein großes Stück Bauchfleck mit Zwiebeln und aß Maisbrot dazu. Wir nahmen alles mit, was uns unter die Hände kam. Nur ins Lager gingen wir nicht.

Vom Dach aus konnten wir genau die arbeitenden Krematorien und die brennenden Gruben sehen. Die Menge ging hinein, und die SS-Männer schlossen schnell alle Fenster und zogen sorgfältig die Schrauben fester an. Nach ein paar Minuten, die noch nicht einmal ausreichten, ein Stück Pappe ordentlich einzuschmieren, wurden Fenster und Türen geöffnet und gelüftet. Dann rückte das Sonderkommando heran und schleppte die Leichen heraus auf den Haufen. So ging es von früh bis abends, Tag für Tag, immer wieder von neuem.

Manchmal brachten schwere Lastwagen nach der Vergasung eines Transports noch Kranke mit den Pflegerinnen. Es lohnte sich nicht, sie zu vergasen. Sie wurden nur nackt ausgezogen, und der Oberscharführer Moll schoß dann entweder mit seiner Flobert, oder er warf sie einfach lebendig in die brennende Grube.

Einmal kam mit einem solchen Lastwagen eine junge Frau, die sich nicht von ihrer Mutter trennen wollte. Beide wurden in der Kammer ausgezogen, die alte Frau ging voran. Der Mann, der die Tochter begleiten sollte, griff sich verlegen an den Kopf, als er den herrlichen Körper des Mädchens sah. Die begreifliche, einfache Geste dieses Menschen schien das Mädchen aus seiner Stumpfheit zu wecken. Es wurde rot und packte den Mann am Arm.

»Sag mir, was sie mit mir vorhaben.«

»Sei mutig«, sagte der Mann, ohne den Versuch zu machen, sich von der Mädchenhand zu befreien.
»Ich bin mutig. Das siehst du doch, ich schäme mich nicht vor dir. Sag es mir.«
»Denk daran, sei mutig. Ich gehe mit dir. Komm. Schau nur nicht hin.«
Er führte sie an der Hand, hielt ihr die Augen zu. Das Knistern und der scharfe Geruch des brennenden Fettes, die Hitze, die von unten heraufschlug, überraschte sie. Sie versuchte, sich loszureißen, aber er drückte ihr sanft den Kopf nach unten und schob ihr Haar hoch. Der Scharführer drückte ab, fast ohne zu zielen. Der Mann stieß sie hinunter in die brennende Grube, und als sie fiel, hörte er nur noch ihren schrecklichen, plötzlich verstummenden Schrei.
Als der Persische Markt voll war, als die Frauen, die man unter denen aussuchte, die gingen, auch das FKL und das Zigeunerlager füllten, wurde ein neues Lager aufgemacht, das Lager Mexiko. Auch Mexiko war unbewohnt und erst halb fertig. Auch dort mußten neue Buden aufgestellt, elektrische Leitungen gelegt und Fensterscheiben eingesetzt werden.
Ein Tag nach dem andern verging, einer glich dem anderen. Und die Menschen stiegen aus und gingen – den einen und den anderen Weg.
Die im Lager hatten ihre Sorgen: sie warteten auf Päckchen und Briefe von zu Hause, klauten und organisierten für Freunde und Freundinnen, sannen auf Intrigen. Lange Nächte lösten die Tage ab, auf Trockenheit folgte der Regen.
Als der Sommer vorbei war, kamen keine Züge mehr. Immer weniger Menschen gingen ins Krematorium. Die im Lager spürten zuerst eine gewisse Leere. Es fehlte etwas, aber nach einer Weile gewöhnte man sich daran. Außerdem gab es neue Ereignisse: die russische Offensive, der Aufstand in Warschau, dann die brennende Stadt, die Transporte, die tagtäglich aus dem Lager nach dem Westen gingen, ins Unbekannte, in neue Krankheiten und in den Tod, der Aufruhr im Krematorium und die Flucht des Sonderkommandos, die mit der Erschießung der Flüchtigen endete.
Dann wurden die Menschen aus einem Lager ins andere geschubst: ohne Löffel, ohne Schüssel, ohne einen Fetzen am Leib.

Das menschliche Gedächtnis kann nur Bilder aufbewahren. Auch heute noch sehe ich, wenn ich an Auschwitz denke, einen unendlichen Menschenstrom, bunt und farbig, wie er sich langsam voranschiebt – den einen und den anderen Weg, Frauen, die mit vorgeneigtem Kopf über der brennenden Grube stehen, ein rothaariges Mädchen vor dem dunklen Hintergrund der Baracke, und es schreit mich an: »Ob man bestraft wird? Aber menschlich! Normal!«
Und dann sehe ich noch den Juden aus unserem Kommando, dem sie die Zähne eingeschlagen hatten, wie er Abend für Abend unter meiner Pritsche stand, den Kopf hob und die ewig gleiche Frage stellte: »Hast du heute ein Päckchen bekommen? Vielleicht hast du ein paar Eier zu verkaufen. Ich zahle bar. Mirka mag Eier so gern . . .«

Heinrich Himmler

. . . Ich meine jetzt die Judenevakuierung, die Ausrottung des jüdischen Volkes. Es gehört zu den Dingen, die man leicht ausspricht. – ›Das jüdische Volk wird ausgerottet‹, sagt ein jeder Parteigenosse, ›ganz klar, steht in unserem Programm, Ausschaltung der Juden, Ausrottung, machen wir.‹ Und dann kommen sie alle an, die braven 80 Millionen Deutschen, und jeder hat seinen anständigen Juden. Es ist ja klar, die anderen sind Schweine, aber dieser eine ist ein prima Jude. Von allen, die so reden, hat keiner zugesehen, keiner hat es durchgestanden. Von euch werden die meisten wissen, was es heißt, wenn 100 Leichen beisammen liegen, wenn 500 da liegen oder wenn 1000 da liegen. Dies durchgehalten zu haben und dabei – abgesehen von Ausnahmen menschlicher Schwächen – anständig geblieben zu sein, das hat uns hart gemacht. Dies ist ein niemals geschriebenes und niemals zu schreibendes Ruhmesblatt unserer Geschichte . . .

Für Peter David Blumenthal

Geboren am 4. 4. 1921 in Berlin, ermordet am 23. 10. 1941 in Mauthausen

So wandre ich durch tausend Marterzellen
Und pflücke tausend Schmerzen von den Wänden.
Und tausend Träume, die die Nacht umstellen,
Sie stehen auf aus tausend Bilder-Bänden:

In jeder Ecke klingt noch Deine Stimme.
In jedem Lufthauch echot noch Dein Lachen.
Und jeder Lichtstreif, der den Raum erhellt,
Ist wie ein Abglanz Deiner Strahlenaugen.
Tot bist Du? – Tot. – Ich muß es langsam lernen,
Daß man das Licht so ganz zerstören kann.

Ich muß es lernen, wenn sie sagen: MORD
Daß dieses Wort, daß dieses eine Wort
Dich meint, Dich, junges Kinderblut,
Dich: Jubel! Jauchzen! Jugend! Übermut! –
Gott hat genommen. Einst hat Gott gegeben.
Ich muß es lernen, ohne Dich zu leben.

Es brennt, Brüder, helft, es brennt!
Ist euch euer Städtchen teuer,
nehmt die Eimer, löscht das Feuer,
löscht mit eurem eignen Blut,
beweist, daß ihr es könnt!

Steht nicht, Brüder, steht nicht länger
und regt nicht die Händ!
Steht nicht, Brüder, löscht das Feuer –
unser Städtchen brennt!

Mordechaj Gebirtig

Jean Améry

Ich ging den Pakt ein mit einer Widerstandsbewegung, deren realpolitische Aussichten sehr gering waren. Auch habe ich am Ende wiedererlernt, was ich und meinesgleichen oft vergessen hatten und worauf es mehr ankam als auf moralische Widerstandskraft: zurückzuschlagen.
Ich sehe vor mir den Häftlingsvorarbeiter Juszek, einen polnischen Berufsverbrecher von schreckenerregender Rüstigkeit. Der schlug mich einmal in Auschwitz einer Bagatelle wegen ins Gesicht, so war er es gewohnt zu verfahren mit allen Juden, die seinem Kommando unterstanden. In diesem Augenblick, ich fühlte es mit durchdringender Schärfe, war es an mir, einen Schritt weiterzugehen in meinem langandauernden Berufungsprozeß gegen die Gesellschaft. Ich schlug in offener Revolte den Vorarbeiter Juszek meinerseits ins Gesicht: meine Würde saß als Faustschlag an seinem Kiefer – und daß dann am Ende ich, der körperlich viel Schwächere, es war, der unterlag und heillose Prügel bekam, hatte keine Bedeutung mehr. Ich war, schmerzhaft verprügelt, mit mir zufrieden. Aber nicht etwa wegen des Mutes und der Ehre, nur weil ich gut begriffen hatte, daß es Lebenslagen gibt, in denen der Körper unser ganzes Ich und unser ganzes Schicksal ist. Ich war mein Körper und nichts sonst: im Hunger, im Schlag, den ich erlitt, im Schlag, den ich zufügte.

Mein Körper, ausgemergelt und schmutzverkrustet, war meine Misere. Mein Körper, wenn er sich zum Hieb anspannte, war meine physisch-metaphysische Würde. Die körperliche Gewalttätigkeit ist in Situationen wie der meinigen das einzige Mittel zur Wiederherstellung einer dislozierten Persönlichkeit. Ich war ich als ein Schlag – für mich selbst und für den Gegner. Was ich später in dem Buche von Frantz Fanon ›Les damnés de la terre‹ in einer Analyse des Verhaltens der Kolonialvölker theoretisch ausgeführt gelesen hatte, nahm ich damals vorweg, als ich meine Würde sozial durch einen Faustschlag in ein Menschenantlitz verwirklichte. Jude sein, das war Annahme des Todesurteils durch die Welt als eben eines Welturteils, vor dem Flucht in die Innerlichkeit nur Schmach gewesen wäre, zugleich aber der physische Aufruhr dagegen. Ich wurde Mensch, nicht indem ich mich innerlich auf mein abstraktes Menschentum berief, sondern indem ich mich in der gegebenen gesellschaftlichen Wirklichkeit als revoltierender Jude auffand und ganz realisierte.

H. G. Adler

Kulturelles Leben

Kultur und dieses »Ghetto« müssen als unvereinbar erscheinen, und doch gab es, wie krampfhaft ihre Züge auch waren, in Theresienstadt Kultur, deren beste Leistungen wertvoll sind und allen Respekt verdienen. Was kann in diesem Lager unter Kultur verstanden werden? Zusätzliche Werte, die über die physische Selbsterhaltung der Gemeinschaft hinaus in Ansprüchen und Werken sich auslebten, erfüllten und ein Mindestmaß vital nötiger Leistungen übertrafen. Wann und wo es nur möglich war, wollten die Gefangenen sich geistig entfalten; anders wäre vielen das Leben unerträglich erschienen. Damit ist weder etwas über die Art oder den Gehalt dieser Geistigkeit ausgesagt noch etwas über ihre ethische Höhe, doch wurde damit dem Leben ein ernster Anspruch vorgetragen, der noch unter schwersten Bedingungen sich nicht mit Gütern begnügte, mit denen man eben noch den Alltag fristen kann. . . .
Dieser ernste, unbeugsame Wille gebietet auch dann Hoch-

achtung, wenn die Leistungen nicht mehr bedeuten als ehrwürdige Dokumente einer erstaunlichen Selbstbehauptung . . .
Kulturelles Leben blieb in diesem Lager stets wach, mochte es auch in den ersten Monaten mit äußersten Schwierigkeiten kämpfen, später wiederholt arge Rückschläge erfahren und in Transportzeiten durch schwere Krisen gehen. Wenn Deportationen diese kleine, von Angst nie freie Welt erschütterten, haben sich Intellekt und Vergnügungssucht manchmal noch in einer fragwürdigen Kultur behauptet, während feiner organisierte Naturen ihre Äußerungen sogar verwünschten, weil sie mit einer Kultur des Ethos nicht im Einklang standen. Transporte – das Kulturleben stockte; kaum waren sie abgerollt, kaum war die lähmende Furcht gewichen, und schon stürzte man sich, als ob nichts geschehen wäre, mit doppeltem Eifer in neue Tätigkeit . . .
Gerecht gewertet: es wurde in Kunst und Medizin, Wissenschaft und Technik Beachtliches in Theresienstadt geleistet. War auch vieles in diesem kulturellen Leben nur für den Augenblick und für die kleine Welt der Zwangsgemeinschaft bedeutsam, war anderes bloß eitel und oberflächlich, so war doch die Grundlage stark und widerstandsfähig. Hier haben die Gefangenen ihrem zugeschworenen Untergang bis zum letzten Tage getrotzt und sich bewährt. Es haben sich Menschen zusammengefunden, die einst eine hervorragende Rolle im gelehrten, künstlerischen, religiösen, politischen, wirtschaftlichen, militärischen und gesellschaftlichen Leben gespielt hatten. Vereint im gemeinsamen Elend waren ehemalige Minister, Diplomaten, Parlamentarier, hohe Staatsbeamte, Universitätsprofessoren, Gelehrte in allen Wissensgebieten, Mediziner, Juristen, Techniker, Künstler, Theaterleute, Literaten, Lehrer, Industrielle, hohe Offiziere, geadelte Juden – eine bunte Auswahl aus der großen Welt, darunter europäische Berühmtheiten, Eltern, Geschwister, Kinder und Nachkommen von Menschen mit gefeiertem Namen. Nun sollten sie alle nach erfolgreichen Jahren ihre letzten Tage mit »Notbelag« und »Essenkarte« und »Transportnummer« bei ihrem »Hausältesten« verbringen. Nun waren sie durcheinandergewürfelt, Leute, die erst durch die jüngsten Geschehnisse emporgehoben waren, Volk aus Städten und Dörfern, einst reich oder arm, angesehen oder verachtet,

Juden oder Nichtjuden, feinsinnige und stumpfe Charaktere, Edelmütige, die sich aufopferten, neben gemeinen Verbrechern, unter den Kranken und Müden eine unbehütete Jugend, aus der sich reich Begabte finden und bewahren wollten.

Bernd Goldstein

Aufstand im Warschauer Ghetto

Keinem Künstler wird es je gelingen, ein umfassendes Bild von den Ghettostraßen Warschaus zu malen. Es ist mehr, als ich mit meiner Feder zu zeichnen mir zutraue. Ich versuche, mir jene Szenen und Erlebnisse ins Gedächtnis zurückzurufen. Eigentlich kann ich sie nicht Erlebnisse nennen, weil dies eine Serie von vorübergehenden Ereignissen in sich schließen würde. Tatsächlich war es etwas ganz anderes. Es war ein anhaltendes Erleben, das volle fünf Jahre dauerte – ein Alpdruck ohne Unterbrechung.

Im Jahre 1941, als Hunger und Typhus die schreckliche Ghettobühne beherrschten, als die Opfer 6000, 7000 und mehr im Monat zählten, konnte man jeden Morgen die Gassen mit nackten Leichnamen angefüllt finden, die Gesichter mit schmutzigen Zeitungen zugedeckt. Die Angehörigen hatten weder die materiellen Mittel noch die seelische Kraft, für ihren Toten ein Begräbnis zu richten. Die strengsten religiösen Gebräuche wurden unbeachtet gelassen. Den teuren Gestorbenen zog man die zerrissenen, aber doch noch brauchbaren Kleider aus und legte die nackten Körper an den Randstein, bis der allmorgendliche Totenkarren kam, sie abzuholen. Auf dem Friedhof wurden diese namenlosen Leichen, ohne Familienbegleitung, ohne Zeremonien zu zehnt in ein gemeinsames Grab gelegt. So ging es mit Tausenden, mit Zehntausenden in einem monotonen Totenreigen.

Nicht vergessen kann ich den Anblick, wie längs der Mauer der katholischen Kirche an der Leshnostraße kranke, halbtote, halbnackte Kinder mit vor Hunger aufgeschwollenen Bäuchen dalagen; ihre offenen Wunden in pergamentartiger Haut eiterten, ihr Atem war ein Röcheln aus trockener Kehle. Um sie herum standen ältere Kinder, gelblich und

verhärmt, sie wimmerten mit schwacher Stimme: »Ein Stückchen Brot ... ein Stückchen Brot!«
Tote, Tote und noch mehr Tote säumten die Straßen, und doch war das Ghetto noch überfüllt mit lebenden Menschen. Die Leute bahnten sich den Weg durch das laute Gedränge, bedacht darauf, einander nicht zu berühren; denn Berührung konnte Typhusansteckung bedeuten.
Ein alter Mann, barfuß und in Lumpen, Schaum vor dem Munde und einen krankhaft flackernden Blick in den Augen, schob einen Kinderwagen mit zwei Kindern, die laut heulten: »Brot ... ein Stückchen Brot!«
Zu Beginn des Jahres 1943 trat der Terror in ganz Polen in eine schärfere und schrecklichere Phase. Bewaffnete deutsche Banden fielen über ganze Städte und Dörfer her, ergriffen unterschiedslos Männer, Frauen, Kinder und schleppten sie weg. Ganz Polen wurde zum Schauplatz wilder Menschenjagden. Tagaus, tagein wurden Hunderte von Polen deportiert. Die Leute wagten sich kaum noch auf die Straße. Ein dichter Nebel von Furcht senkte sich über das ganze Land.
In eigenartigem Kontrast dazu war nun das Ghetto ziemlich ruhig. Es schien fast, als ob die Bestien die Zehntausende Juden vergessen hätten, die wie Geister in jener leeren Wildnis spukten.
Plötzlich, um 6 Uhr in der Frühe des 18. Januar 1943, hallten die Ghettostraßen, in denen die Sklavenarbeiter der Fabriken und Werkstätten wohnten, von wilden Rufen, Salven von Gewehrschüssen und lärmenden Hupen der Motorräder und Lastkraftwagen wider. Die deutschen Mörder rasten in die Häuser und Höfe und begannen die Leute herauszuholen. Säumige wurden geschlagen oder erschossen. Alle übrigen wurden zum Umschlagplatz in Marsch gesetzt. Gruppen von Arbeitern auf dem Wege zur Arbeit wurden angehalten und mit Schreien, Schlägen und Schießen abgeführt. Ausweise, Arbeitskarten, Abzeichen waren völlig nutzlos.
Es ging alles so schnell vor sich, daß selbst organisierte Fabrikkampfgruppen von ihren versteckten Waffenlägern abgeschnitten und nicht in der Lage waren, Widerstand zu leisten. Nur vier Kampfgruppen – Zamenhof-, Mila-, Muranovska- und Franciskanska-Straße – konnten in Aktion

treten. Sie schossen und warfen mehrere Handgranaten; ungefähr zwanzig Deutsche wurden getötet.
Die Nazis waren überrascht. Juden, mit Gewehren kämpfend! Unmöglich! Etwas Derartiges war im Ghetto noch nie vorgekommen. Nachdem sie ein paar tausend Opfer mitgenommen hatten, brachen sie den Überfall ab und zogen aus dem Ghetto wieder ab.
An diesem Kampftag verloren wir sehr viele aus unseren Reihen, darunter waren Rubinstein, ein alter Bundist aus Lodz, Chaimovitch, Cholodenko aus Lodz, Abram Feiner, ein Schneider und Mitglied der »Zukunft«. Itzhoeck Guiterman, ein Direktor des amerikanischen JDC, der zusammen mit Orzech aus dem deutschen Kriegsgefangenenlager nach Polen zurückgekehrt war, wurde auf der Schwelle seines Hauses erschossen.
Unter denen, die zum Umschlagplatz geführt wurden, befanden sich Joseph Jaschunski und seine Frau, zusammen mit ihrem Sohn Mischa, einem Arzt, der sehr aktiv in unserer Untergrundbewegung war, sowie dessen Frau. Auf dem Umschlagplatz wurde Jaschunski von einem Gestapooffizier bemerkt, der ihn von Sitzungen des Judenrats kannte. Der Offizier ging auf den alten Mann zu und schlug ihm ins Gesicht – ein besonderes Zeichen ihrer Bekanntschaft.
Das erste Auftreten der Ghettokämpfer machte einen ungeheuren Eindruck innerhalb und außerhalb des Ghettos. Die bloße Tatsache eines organisierten, bewaffneten Gegenschlags stärkte den Willen zu weiterem Widerstand und beschleunigte das Tempo der Vorbereitungen für künftige Kämpfe. Die gesamte polnische Untergrundpresse aller politischen Richtungen begrüßte den Widerstand vom 18. Januar mit Enthusiasmus. Wir erhielten von der offiziellen Untergrundarmee »Armia Krysova« einen kleinen Waffenzuschuß: fünfzig Revolver, fünfzig Granaten und etwas Sprengstoff.
Die Stimmung im Ghetto hob sich. Die Deutschen begannen zu erkennen, daß eine beträchtliche Veränderung eingetreten war: daß eine bewaffnete Macht entstanden war. Sie wagten bei Dunkelheit nicht mehr einzeln durch die Ghettostraßen zu gehen.
Durch Feuer und Rauch, ohne Wasser, zogen unsere Kämp-

fer sich von einem brennenden Häuserblock zum nächsten zurück, von einem Bunker zum andern. Die Kampfgruppen waren isoliert. Jede kämpfte für sich allein, hielt aus in den Bunkern, Kellern und Speichern, ohne zu wissen, wie es den anderen Gruppen erging. Ein allgemeiner, koordinierter Kampfplan konnte von den Belagerten nicht länger durchgeführt werden.

In diese Hölle warf der Feind seine gepanzerte Macht. Jeder Kampfpunkt wurde zu einer isolierten, belagerten Feste, umgeben von Feuer und eingehüllt in Rauchwolken. Mit Revolvern, Granaten und Dynamitflaschen in ihren Händen, feuchte Taschentücher über dem Mund, kämpften unsere Kameraden gegen die Macht eines Feindes, der mit den modernsten und wirksamsten Vernichtungswerkzeugen ausgerüstet war. Alle übriggebliebenen Bewohner des Ghettos wurden ausnahmslos in den Kampf gezogen. Jeder, der kämpfen konnte, half mit, ob er bewaffnet war oder nicht. Andere fungierten als Kuriere, rannten von Gebäude zu Gebäude mit Nahrungsmitteln, Wasser und Munition.

Die Ghettokämpfer machten mehrere Ausfälle. Deutsche Uniformen, die für solche Zwecke bereitgelegt worden waren, erlaubten kleinen Gruppen, dicht genug an den Feind heranzukommen, um mit ihren winzigen Waffen einen Schlag führen zu können.

Der Hagel der Feuerbomben und Artilleriegeschosse ging ununterbrochen weiter. Wo die Deutschen auf Widerstand stießen oder auch nur irgendwelche Zeichen einer Aktivität wahrnahmen, ließen sie ihre fürchterlichen Waffen los, gegen die die Ghettokämpfer nichts ausrichten konnten. Das Ghetto wurde zu einem ungeheuren Feuerwerk. In der Nacht hörte das Artilleriefeuer auf, und Todesschweigen legte sich über den Ort. Die Landschaft war erleuchtet durch das brennende Ghetto. Kleine Gruppen von Deutschen kamen mit Bluthunden, die die Höfe und Gebäude nach versteckten Ghettokämpfern durchschnüffelten. Wer gefaßt wurde, wurde gefoltert, um aus ihm weitere Verstecke oder Angaben über Waffen- und Vorratsläger herauszubekommen.

Die deutschen Zeitungen berichteten kurz, daß die Ghettojuden sich der Verschickung zur Arbeit widersetzt hätten. Die illegale polnische Presse aller Schattierungen schrieb voll

Sympathie über den Aufstand. Einige verglichen ihn mit dem historischen Barkochba-Aufstand gegen die Römer. Fast täglich brachten sie Meldungen vom Kampfplatz, berichteten, welche deutsche Einheiten und in welcher Stärke sie das Ghetto betraten und verließen, wie viele Krankenwagen mit verwundeten Deutschen aus den Ghettotoren kamen und so weiter.
Die mächtigen alliierten Heere standen an allen Fronten im Kampf gegen den Feind. Jeder Tag sah große militärische Kämpfe. Aber die Warschauer Ghettofront blieb isoliert und allein. Ihre tapferen Kämpfer verbrannten in den Ruinen, ihre Hilferufe wurden von Rauchwolken erstickt, von dem Donner der Artilleriegeschütze übertönt.

Betr.: Ghetto-Großaktion *1943*

Az.: I ab-St/Gr.-1607 Tgb. Nr. 652/13 geh.
Betr.: Ghetto-Großaktion Warschau, den 16. Mai 1943

An den
Höheren SS- und Polizeiführer Ost
SS-Gruppenführer und General der Polizei Krüger
o. V. i. A.
Krakau

Verlauf der Groß-Aktion am 16. Mai 1943, Beginn 10.00 Uhr
Es wurden 180 Juden, Banditen und Untermenschen vernichtet. Das ehemalige jüdische Wohnviertel Warschau besteht nicht mehr. Mit der Sprengung der Warschauer Synagoge wurde die Großaktion um 20.15 Uhr beendet.
Die für die errichteten Sperrgebiete weiter zu treffenden Maßnahmen sind dem Kommandeur des Pol. Batl. II/23 nach eingehender Einweisung übertragen.
Gesamtzahl der erfaßten und nachweislich vernichteten Juden beträgt 56 065.
Schlußbericht lege ich am 18. Mai 1943 bei der SS- und Polizeiführertagung vor.

Der SS- und Polizeiführer im Distrikt Warschau
gez. *Stroop*
SS-Brigadeführer und Generalmajor der Polizei

Die Selbstbefreiung des KZ Buchenwald

Von Februar/März an spitzten sich die Verhältnisse in jedem KL ungeheuerlich zu. Überall dort, wo entsprechende Vorbereitungen getroffen worden waren, konnten nun von den politischen Häftlingen die Früchte der langjährigen Bemühungen endlich geerntet werden. Als bestes Beispiel muß hier wohl die *Geschichte des Endes des KL Buchenwald* erzählt werden, das ja am eindeutigsten von allen Lagern unter roter Herrschaft gestanden hatte.
Die Aufstellung der Selbstschutz-Mannschaften ist im vorausgegangenen Kapitel bereits erwähnt worden. Sofort während der Bombardierung vom 24. August 1944 ging man auch an die *Versorgung mit Waffen.* Der allgemeine Wirrwarr an diesem Tage wurde dazu benutzt, um aus dem Divisions-Nachschublager der SS an Gewehren, Pistolen, Karabinern und Handgranaten wegzuschaffen, was nur möglich war. Die Bestände wurden sorgfältigst im Lager sichergestellt, zum Teil vergraben oder eingemauert, nur ganz wenigen Vertrauensleuten bekannt. Im Maße des Erreichbaren wurden sie ergänzt. Allein dieser Teil der Vorbereitungen wäre nicht durchführbar gewesen, wenn die innere Organisation nicht tadellos funktioniert hätte und das Lager nicht längst von allen wirklich zweifelhaften oder verräterischen Elementen in langwierigen Kämpfen systematisch gereinigt worden wäre.
Der Besitz von Waffen schuf ein erstes Sicherheitsbewußtsein. Man brauchte wenigstens nicht kampflos zu sterben, sich nicht einfach abschlachten zu lassen. Mit diesem verstärkten Selbstbewußtsein konnte auf die Kameraden beruhigend eingewirkt werden. Die außerordentliche Schwierigkeit der Lage war nicht zu verkennen: der Kampf mußte einerseits gegen die SS, aber fast ebenso, im entscheidenden Augenblick, gegen Schwache, Feinde und die unvermeidliche Panik geführt werden! Nachdem die ersten großen Rückführungen aus evakuierten Lagern nach Buchenwald begonnen hatten, bildete sich ein *merkwürdiger Zwischenzustand* heraus: Die SS hatte, das Ende von außen kommen sehend, Angst vor der anonymen Masse der Zehntausende von Häftlingen; die Masse der Häftlinge hatte Angst vor der

SS; die Bevölkerung der Umgebung, besonders die von Weimar, fürchtete das Lager für diese Tage wie den Teufel selbst. Alle drei hatten, jede Gruppe aus anderen Überlegungen und aufgrund andersgearteter Tatbestände, auch allen Grund zu ernsterer Besorgnis. Am größten war sie zweifellos bei den in den SS-Werken beschäftigten Zivilisten, (die sich ja auch oft schändlich genug benommen hatten); sie fürchteten immer, einfach abgeschlachtet zu werden, wenn es einmal »soweit war«. Der Rachedurst war bei den Politischen, besonders gegenüber der Stadt Weimar, die durch hundert Kanäle Geld und Vorteile aller Art aus der »Knochenmühle« gezogen und niemals auch nur Gefühle des Mitleids oder gar der Einsicht bekundet hatte, geschweige denn tätige Hilfe, groß . . .

47 000 Menschen waren nun hinter dem Stacheldraht von Buchenwald zusammengepfercht, die Ernährung in Frage gestellt, das Elend ungeheuerlich, während die amerikanischen Panzer westlich von Erfurt, von wo der Geschützdonner herübertönte, warteten, um ihren Aufmarsch zu vollenden. Es waren Tage von äußerster Nervenanspannung.

Am 4. April nachmittags wurden plötzlich die *Juden des Lagers* aufgerufen. Niemand erschien auf dem Appellplatz! So etwas hatte sich in einem KL noch nicht ereignet. Unvorstellbar der Gedanke, daß die SS es nicht mehr wagte, sofort mit äußerster Gewalt vorzugehen, um ihre Befehle zu erzwingen. Sie ließ verbreiten, die Juden kämen lediglich in ein Austauschlager zum Abtransport in das Ausland, mit dem der Reichsführer-SS deshalb verhandle. Niemand glaubte natürlich daran, der Vorgang erschien psychologisch unmöglich.

Am Mittwoch, 11.April, mittags befanden sich noch 21 000 Häftlinge im Lager. Die Voraussetzung für eine wirksame Aktion mit den Waffen war gegeben. Aber die SS griff nicht mehr an. Um 10.30 Uhr vormittags erklärte der Erste Schutzhaftlagerführer dem LA I, daß das Lager übergeben werde. Die Erklärung besaß einigen Wert, man wußte aber bereits, daß auf der anderen Seite die SS vom nahegelegenen Flugplatz »Nora« Tiefflieger zur Vernichtung des Lagers angefordert hatte. Folglich blieben alle Kräfte des Lagers in voller Alarmbereitschaft. Als etwa eineinhalb Stunden später durch die Lautsprecher bekanntgegeben wurde, daß sämtliche SS-Angehörige sofort zu ihren Dienststellen außerhalb des Lagers zu kommen hätten, stieg die kritische Erwartung auf das äußerste. Kurz darauf begann die SS abzuziehen. *Die Würfel waren gefallen.* Zurück blieben die Posten auf den Wachtürmen, die sich beim näher- und näherkommenden Schlachtenlärm knapp vor 15 Uhr in den umliegenden Wald zurückzogen, worauf die Kameraden des Lagerschutzes, die bewaffnet in Deckung lagen, sofort den Stacheldraht durchschnitten, die Türme ihrerseits besetzten, das Tor am Lagereingang nahmen und die weiße Fahne auf Turm 1 hißten. So fanden die ersten amerikanischen Panzer, die vom Nordwesten her anrollten, *das befreite Buchenwald* vor.

Die Unabhängigkeitserklärung des Staates Israel *1948*

Im Lande Israel entstand das jüdische Volk. Hier prägte sich sein geistiges religiöses und politisches Wesen. Hier lebte es frei und unabhängig. Hier schuf es eine nationale und universelle Kultur und schenkte der Welt das Ewige Buch der Bücher.
Durch Gewalt vertrieben, blieb das jüdische Volk auch in der Verbannung seiner Heimat in Treue verbunden. Nie wich seine Hoffnung, nie verstummte sein Gebet um Heimkehr und Freiheit.
Beseelt von der Kraft der Geschichte und Überlieferung, suchten Juden aller Generationen in ihrem alten Lande wieder Fuß zu fassen. Im Laufe der letzten Jahrzehnte kamen sie in großen Scharen. Pioniere, Verteidiger und Einwanderer, die trotz der Blockade den Weg in das Land unternahmen, bauten Dörfer und Städte und errichteten eine stets wachsende Gemeinschaft mit eigener Wirtschaft und Kultur, die nach Frieden strebte, aber sich auch zu schützen wußte, die allen im Lande die Segnungen des Fortschrittes brachte und sich vollkommene Unabhängigkeit zum Ziel setzte.
Im Jahre 1897 trat der erste Zionistenkongreß zusammen. Er folgte dem Rufe Dr. Theodor Herzls, dem Seher des jüdischen Staates, und verkündete das Recht des jüdischen Volkes auf nationale Erneuerung in seinem Lande. Dieses Recht wurde am 2. November 1917 in der Balfour-Deklaration

anerkannt und auch durch das Völkerbundsmandat bestätigt, das der historischen Verbindung des jüdischen Volkes mit dem Lande Israel und seinem Anspruch auf die Wiedererrichtung seiner nationalen Heimstätte internationale Geltung verschaffte.

Die Katastrophe, die in unserer Zeit über das jüdische Volk hereinbrach und in Europa Millionen von Juden vernichtete, bewies unwiderleglich aufs neue, daß das Problem der jüdischen Heimatlosigkeit durch die Wiederherstellung des jüdischen Staates im Lande Israel gelöst werden muß. In einem Staat, dessen Pforten jedem Juden offenstehen, und der dem jüdischen Volk den Rang einer gleichberechtigten Nation in der Völkerfamilie sichert.

Die Überlebenden des schrecklichen Nazi-Gemetzels in Europa sowie Juden anderer Länder scheuten weder Mühsal noch Gefahren, um nach dem Lande Israel aufzubrechen und ihr Recht auf ein Dasein in Würde und Freiheit und ein Leben redlicher Arbeit in der Heimat durchzusetzen.

Im Zweiten Weltkrieg leistete die jüdische Gemeinschaft im Lande Israel ihren vollen Beitrag zum Kampfe der friedens- und freiheitsliebenden Nationen gegen die Nazimächte der Finsternis. Mit dem Blute ihrer Soldaten und ihrem Einsatz für den Sieg erwarb sie das Recht auf Mitwirkung bei der Gründung der Vereinten Nationen.

Am 29. November 1947 faßte die Vollversammlung der Vereinten Nationen einen Beschluß, der die Errichtung eines jüdischen Staates im Lande Israel forderte. Sie rief die Bewohner des Landes auf, ihrerseits zur Durchführung dieses Beschlusses alle nötigen Maßnahmen zu ergreifen. Die damalige Anerkennung der staatlichen Existenzberechtigung des jüdischen Volkes durch die Vereinten Nationen ist unwiderruflich.

Gleich allen anderen Völkern ist es das natürliche Recht des jüdischen Volkes, seine Geschichte unter eigener Hoheit selbst zu bestimmen.

Dem zufolge haben wir, die Mitglieder des Nationalrates, als Vertreter der jüdischen Bevölkerung und der zionistischen Organisation, heute, am letzten Tage des britischen Mandats über Palästina, uns hier eingefunden und verkünden hiermit Kraft unseres natürlichen und historischen Rechtes und aufgrund des Beschlusses der Vollversammlung der Verein-

ten Nationen die Errichtung eines Jüdischen Staates im Lande Israel – des Staates Israel.
Wir beschließen, daß vom Augenblick der Beendigung des Mandates, heute um Mitternacht, dem sechsten Tage des Monats Ijar des Jahres 5708, dem 15. Mai 1948, bis zur Amtsübernahme durch verfassungsgemäß zu bestimmende Staatsbehörden, doch nicht später als bis zum 1. Oktober 1948, der Nationalrat als vorläufiger Staatsrat und dessen ausführendes Organ, die Volksverwaltung, als zeitweilige Regierung des jüdischen Staates wirken sollen. Der Name des Staates lautet Israel. Der Staat Israel wird der jüdischen Einwanderung und der Sammlung der Juden im Exil offenstehen. Er wird sich der Entwicklung des Landes zum Wohle aller seiner Bewohner widmen. Er wird auf Freiheit, Gerechtigkeit und Frieden im Sinne der Visionen der Propheten Israels gestützt sein. Er wird all seinen Bürgern ohne Unterschied von Religion, Rasse und Geschlecht, soziale und politische Gleichberechtigung verbürgen. Er wird Glaubens- und Gewissensfreiheit, Freiheit der Sprache, Erziehung und Kultur gewährleisten, die heiligen Stätten unter seinen Schutz nehmen und den Grundsätzen der Charta der Vereinten Nationen treu bleiben.
Der Staat Israel wird bereit sein, mit den Organen und Vertretern der Vereinten Nationen bei der Durchführung des Beschlusses vom 29. November 1947 zusammenzuwirken und sich um die Herstellung der gesamtpalästinensischen Wirtschaftseinheit bemühen.
Wir wenden uns an die Vereinten Nationen mit der Bitte, dem jüdischen Volk beim Aufbau seines Staates Hilfe zu leisten und den Staat Israel in die Völkerfamilie aufzunehmen.
Wir wenden uns – selbst inmitten mörderischer Angriffe, denen wir seit Monaten ausgesetzt sind – an die in Israel lebenden Araber mit dem Aufruf, den Frieden zu wahren und sich aufgrund voller bürgerlicher Gleichberechtigung und entsprechender Vertretung in allen provisorischen und permanenten Organen des Staates an seinem Aufbau zu beteiligen.
Wir bieten allen unseren Nachbarstaaten und ihren Völkern die Hand zum Frieden und guter Nachbarschaft und rufen zur Zusammenarbeit und gegenseitigen Hilfe mit dem selb-

ständigen jüdischen Volk in seiner Heimat auf. Der Staat Israel ist bereit, seinen Beitrag bei gemeinsamen Bemühungen um den Fortschritt des gesamten Nahen Ostens zu leisten.
Unser Ruf ergeht an das jüdische Volk in allen Ländern der Diaspora, uns auf dem Gebiete der Einwanderung und des Aufbaues zu helfen und uns im Streben nach der Erfüllung des Traumes von Generationen – der Erlösung Israels – beizustehen.
Mit Zuversicht auf den Fels Israels setzen wir unsere Namen zum Zeugnis unter diese Erklärung, gegeben in der Sitzung des zeitweiligen Staatsrates auf dem Boden unserer Heimat in der Stadt Tel Aviv. Heute am Vorabend des Sabbat, dem 5. Ijar 5708, 14. Mai 1948.

David Ben-Gurion
Daniel Auster
Mordechai Bentov
Jitzchak Ben-Zvi
Elijahu Berligne
Fritz Bernstein
Rabbi Wolf Gold
Meir Grabovsky
Jitzchak Grünbaum
Dr. Abraham Granowsky
Elijahu Dobkin
Meir Wilner-Kovner
Zerach Wahrhaftig
Herzl Vardi
Rachel Cohen
Rabbi Calman Kahane
Saadja Kobashi
Rabbi Jitzchak Meir Levin
Meir David Löwenstein

Zvi Luria
Golda Myerson
Nachum Nir
Zvi Segal
Rabbi Jehuda Leib
Hacohen Fishman
David Zvi Pinkas
Aharon Zisling
Moshe Kolodny
Elieser Kaplan
Abraham Katznelson
Felix Rosenblüth
David Remez
Berl Repetur
Mordechai Schattner
Ben-Zion Sternberg
Bechor Shitreet
Mosche Shapira
Moshe Shertok

VERSUCHE ZU ANTWORTEN

Endlösung

1
Die Juden
sind unser
Unglück.
2
Das haben
wir immer
gesagt.
3
Das hat
keiner
gewußt.

Volker von Törne

Paul Celan

Todesfuge

Schwarze Milch der Frühe wir trinken sie abends
wir trinken sie mittags und morgens wir trinken sie nachts
wir trinken und trinken
wir schaufeln ein Grab in den Lüften da liegt man nicht eng
Ein Mann wohnt im Haus der spielt mit den Schlangen
  der schreibt
der schreibt wenn es dunkelt nach Deutschland
  dein goldenes Haar Margarete
er schreibt es und tritt vor das Haus und es blitzen
  die Sterne er pfeift seine Rüden herbei
er pfeift seine Juden hervor läßt schaufeln
  ein Grab in der Erde
er befiehlt uns spielt auf nun zum Tanz

Schwarze Milch der Frühe wir trinken dich nachts
wir trinken dich morgens und mittags wir trinken
  dich abends
wir trinken und trinken

Ein Mann wohnt im Haus der spielt mit den Schlangen
der schreibt
der schreibt wenn es dunkelt nach Deutschland
dein goldenes Haar Margarete
Dein aschenes Haar Sulamith wir schaufeln ein Grab
in den Lüften da liegt man nicht eng

Er ruft stecht tiefer ins Erdreich ihr einen ihr andern
singet und spielt
er greift nach dem Eisen im Gurt er schwingts
seine Augen sind blau
stecht tiefer die Spaten ihr einen ihr andern spielt
weiter zum Tanz auf

Schwarze Milch der Frühe wir trinken dich nachts
wir trinken dich mittags und morgens wir trinken dich
abends
wir trinken und trinken
ein Mann wohnt im Haus dein goldenes Haar Margarete
dein aschenes Haar Sulamith er spielt mit den Schlangen

Er ruft spielt süßer den Tod der Tod ist ein Meister
aus Deutschland
er ruft streicht dunkler die Geigen dann steigt ihr
als Rauch in die Luft
dann habt ihr ein Grab in den Wolken da liegt man nicht eng

Schwarze Milch der Frühe wir trinken dich nachts
wir trinken dich mittags der Tod ist Meister
aus Deutschland
wir trinken dich abends und morgens wir trinken und
trinken
der Tod ist ein Meister aus Deutschland sein Auge ist blau
er trifft dich mit bleierner Kugel er trifft dich genau
ein Mann wohnt im Haus dein goldenes Haar Margarete
er hetzt seine Rüden auf uns er schenkt uns ein Grab
in der Luft
er spielt mit den Schlangen und träumet der Tod
ist ein Meister aus Deutschland

dein goldenes Haar Margarete
dein aschenes Haar Sulamith

Nelly Sachs

Ihr Zuschauenden

Unter deren Blicken getötet wurde.
Wie man auch einen Blick im Rücken fühlt,
So fühlt ihr an euerm Leibe
Die Blicke der Toten.

Wieviel brechende Augen werden euch ansehn
Wenn ihr aus den Verstecken ein Veilchen pflückt?
Wieviel flehend erhobene Hände
In dem märtyrerhaft geschlungenen Gezweige
Der alten Eichen?
Wieviel Erinnerung wächst im Blute
Der Abendsonne?

O die ungesungenen Wiegenlieder
In der Turteltaube Nachtruf –
Manch einer hätte Sterne herunterholen können,
Nun muß es der alte Brunnen für ihn tun!

Ihr Zuschauenden,
Die ihr keine Mörderhand erhobt,
Aber die ihr den Staub nicht von eurer Sehnsucht
Schütteltet,
Die ihr stehenbliebt, dort, wo er zu Licht
Verwandelt wird.

Karl Krolow

In diesem Land

Überall in diesem Land
Kann man tun, was man will,
Und man braucht nicht staunen, wenn
Der Mond sich als Mond zeigt
Und vom horizontblauen Balkon
Ein Gedicht herabgelassen wird,
Um eine heiße Mauer zu ernüchtern.

Die Jacketts können anbehalten werden,
Da es rasch kühl im Raum wird,
Wenn man miteinander spricht.

Lohnt es sich noch,
Nach den Blumen zu sehen,
Die mit den zärtlichen Worten
Umkommen?

Niemand in diesem Land ist traurig,
Wenn er einen Toten auf der Straße
Nicht wiedererkennt.
Er starb sicherlich, während die Hände
In den Taschen blieben.

Johannes Bobrowski

Die ersten beiden Sätze für ein Deutschlandbuch

Als die ersten Nachrichten von den Massenmorden an Juden in die Stadt gelangten und jedermann meinte, sie seien übertrieben, so schlimm könne es ja wohl nicht sein, und jeder dennoch ganz genau wußte, daß sich das alles tatsächlich so verhielt, daß keine noch so ungeheuren Zahlen, keine noch so gräßlichen Methoden und raffinierten Techniken, von denen man hörte, übertrieben waren, daß wirklich alles so sein mußte, weil es gar nicht anders sein konnte, und daß es längst nicht mehr die Zeit war, davon zu reden, ob es nicht doch noch andere, mildere, menschlichere Verfahren gegeben hätte, Ausweisungen ja wohl nicht mehr, jetzt im Kriege, aber doch garantierte Reservationen, mit Eigenverwaltung undsoweiter, als das völlige Schweigen an der Reihe war, als man sich selber schon hinweggeschwiegen hatte, wer weiß wovon und wer weiß wohin, gegen nichts mehr einen Widerspruch aufsteigen spürte, nur so daherredete, zwischen einem nachlässig stilisierten Witz und dem feierlich-feuchten Gefühl, in einen Schicksalskampf von mythischem Rang einbezogen zu sein, wider Willen, zugegeben, als es so weit war mit denen, die frei herumliefen in Deutschland und frei herumlebten, unter den erschwerten Bedingungen des Krieges, zugegeben, als sie so weit gekommen waren, – was nichts heißen soll, denn so weit waren sie ja dann wohl schon seit je gewesen, wenn es jetzt so gut klappte, als es also war wie schon immer, als das so war, läuteten die Glocken – für gar nichts Besonderes: die Hoch-

zeit eines Hirnverletzten, dem man in Anbetracht seiner militärischen Auszeichnungen diesen Wunsch nicht hatte abschlagen können, eines garnisonsverwendungsfähig geschriebenen, aber für die nächsten Jahre vorerst beurlaubten Oberleutnants der Pioniere, mit einer Krankenschwester namens Erika, die ihn im Sanatorium vom Fensterkreuz, an dem er sich aufgeknüpft, mit eigner Hand abgeschnitten hatte und die er am Abend der Hochzeit noch erwürgte, in einem sogar vermuteten Anfall von Geistesgestörtheit, was auch nichts heißt, denn geistesgestört zu sein war ohnehin sein behördlicher Zustand gewesen seither, das heißt seit zwei Jahren, seit seiner Verletzung.
Das eine also seit zwei Jahren, das andere seit wann?

Vertrauen

Oh Herr, die Lebenden kommen zu Dir.
Die wir geliebt, sind allein.
Wir finden sie nicht.
Du aber wirst die Erleuchtung sein.
Du Licht.

Georg Kafka (in Theresienstadt geschrieben)

Zvi Kolitz

Jossel Rackower spricht zu Gott

Ich, Jossel, Sohn des Jossel Rackower von Tarnopol, ein Nacheiferer des Gerer Rabbi und Nachkomme der großen Zaddikim aus den Familien Rackower und Meisels, schreibe diese Zeilen, während das Warschauer Getto in Flammen steht; das Haus, in dem ich mich befinde, ist eines der letzten, das noch nicht brennt. Schon seit einigen Stunden werden wir von heftigem Artilleriefeuer beschossen, und ringsum stürzen die Mauern ein, in kurzer Zeit wird auch dieses Haus, wie fast alle anderen Häuser des Gettos, seinen Bewohnern und Verteidigern zum Grab werden. Die roten Sonnenstrahlen, die durch das kleine, halbvermauerte Fenster meines Zimmers hereinkommen – dieses Zimmers, aus dem ich tage- und nächtelang den Feind beschossen habe –, zeigen mir, daß es Abend wird; die Sonne kann nicht wissen, wie wenig ich es bedaure, daß ich sie nicht mehr aufgehen sehen werde. – Mit uns ist etwas merkwürdiges geschehen: alle unsere Begriffe und Gefühle haben sich gewandelt. Der plötzliche Tod, der uns überfällt, erscheint uns als Erlöser, als ein Befreier, als ein Kettenbrecher; ich habe die Tiere des Waldes sehr lieb, darum tut es mir bitter weh, wenn man die Bösewichter, die heute in Europa rasen, mit ihnen vergleicht. Es ist nicht wahr, daß Hitler etwas Tierisches an sich hat: Meiner tiefen Überzeugung nach ist er ein typisches Kind der modernen Menschheit. Diese Menschheit hat ihn geboren und geformt, und er ist der offenbarste Ausdruck ihrer tief verborgenen Wünsche. Als ich mich im Wald versteckte, begegnete mir in der Nacht ein Hund, ein kranker, verhungerter Hund – vielleicht war er sogar toll –, den Schwanz zwischen die Beine geklemmt. Wir spürten sofort die Gemeinsamkeit unserer Lage, denn den Hunden ging es auch nicht viel besser als uns. – Er hat sich an mich geschmiegt, hat seinen Kopf in meinen Schoß vergraben und mir die Hände geleckt. Ich glaube, ich habe nie vorher so geweint wie in jener Nacht. Ich bin ihm um den Hals gefallen und habe geweint wie ein Kind. Es wird niemanden wundern, wenn ich sage, daß ich damals die Tiere beneidete. Aber ich empfand noch etwas anderes als Neid: Es war Scham; ich habe mich vor dem Hund geschämt, daß ich kein Hund bin, sondern ein Mensch; und daß wir in einen Geisteszustand geraten sind, wo uns das Leben ein Unglück, der Tod ein Erlöser, der Mensch eine Plage, das Tier ein Vorbild, der Tag ein Schrecken und die Nacht ein Labsal ist.

Millionen Menschen in der weiten großen Welt, verliebt in den Tag, in Sonne und Licht, haben keine Ahnung davon, wieviel Finsternis und Unglück die Sonne uns gebracht hat, sie ist zum Werkzeug in den Händen der Bösewichter geworden, sie wurde von ihnen benützt als Scheinwerfer, um die Spuren derer anzuleuchten, die sich vor ihnen retten wollten. Als ich mich mit meiner Frau und meinen Kindern – es waren sechs – in den Wäldern versteckte, hat die Nacht uns in ihrem Schoß verborgen, der Tag hat uns denen ausgeliefert, die unsere Seelen suchten. Niemals werde ich den Feuerhagel vergessen, der auf die Tausende Flüchtlinge auf der Straße von Grodno nach Warschau herunterregnete. Mit der Sonne sind auch die Flugzeuge aufgestiegen, und sie haben uns gemordet und gemordet. Bei dieser Schlächterei kam meine Frau um, mit dem siebenmonatigen Kind im Arm, zwei weitere meiner restlichen fünf geliebten Kinder verschwanden an diesem Tag, sie haben David und Jehuda geheißen, und einer war vier, der andere sechs Jahre alt. Bei Sonnenuntergang sind die wenigen Überlebenden weiter ihren Weg in Richtung Warschau gegangen, ich aber, mit meinen drei übriggebliebenen Kindern, bin durch die Wälder und Felder ringsum den Schlachtplatz geirrt und habe die verlorenen Kinder gesucht. Wie Messer haben die ganze Nacht hindurch, unsere Stimmen die Totenstille zerschnit-

ten: »David! Jehuda!« Aber nur hilfloses, herzzerreißendes Echo hat unsere Schreie beantwortet wie ein Totengebet. Ich habe meine beiden Kinder nie mehr gesehen, in einem Traum befahlen sie mir, sie nicht weiterzusuchen, da sie sich in Gottes Hand befänden. Meine letzten Kinder sind im Warschauer Getto umgekommen. Rachle, mein zehnjähriges Töchterchen, hatte gehört, daß manchmal in den städtischen Abfallkästen jenseits der Gettomauer Brotreste zu finden wären. Damals herrschte schon Hunger im Getto, die Verhungerten lagen wie Unrat in den Straßen umher. (Die Menschen im Getto waren zu jedem Tod bereit – außer dem Hungertod, wahrscheinlich verbleibt dem Menschen, wenn alles andere Verlangen in ihm langsam abstirbt, als letzter Trieb der Hunger, auch wenn er den Tod herbeisehnt. Man hat mir von einem halbverhungerten Juden erzählt, der zu einem anderen sagte: »Was wäre das für ein schöner Tod, wenn man noch einmal vorher wie ein Mensch gegessen hätte!«)
Rachle hatte mir von ihrem Plan erzählt, sich aus dem Getto herauszuschleichen – ein Verbrechen, auf das der Tod stand. Zusammen mit einer Freundin, einem Mädchen von elf Jahren, hat sie sich auf den gefährlichen Weg gemacht. Im Dunkel der Nacht ist sie von zu Hause fort, und bei Sonnenaufgang wurde sie außerhalb der Gettomauer mit ihrer Freundin entdeckt. Da begannen deutsche Wachtposten gemeinsam mit ihren polnischen Helfern die jüdischen Kinder zu jagen, die es gewagt hatten, im Abfallkorb Brot zu suchen, um nicht vor Hunger zu krepieren. Menschen, die diese Jagd mit ansahen, trauten ihren eigenen Augen nicht, das war selbst für das Getto neu. Dutzende Bösewichter machten Jagd auf zwei zehnjährige verhungerte Kinder, die konnten nicht so schnell laufen, und eins von ihnen, meine Tochter, ist erschöpft zu Boden gefallen. Und die Nazis haben ihren Kopf mit Bajonetten durchbohrt. (Die Freundin konnte sich aus ihren Händen retten, aber zwei Wochen nachher ist sie im Irrsinn gestorben.)
Das fünfte Kind, Jakob, ein Junge von dreizehn Jahren, ist an seinem Barmizwah – seinem Einsegnungstag – an Tuberkulose gestorben. Sein Tod war eine Erlösung. Das letzte Kind, meine 15jährige Tochter Chawe, ist bei einer »Kinderaktion« umgekommen, die bei Sonnenaufgang am Tage von

Roschhaschannu – am Neujahrstage – begann und bei Sonnenuntergang beendet war. An jenem Tage haben Hunderte jüdische Familien ihre Kinder verloren.
Jetzt ist meine Stunde gekommen. Wie Hiob kann ich von mir sagen – und ich bin nicht der einzige –: Nackt bin ich geboren, nackt kehre ich zur Erde zurück. Ich bin jetzt 43 Jahre alt, und wenn ich auf die vergangenen Jahre zurückblicke, so kann ich behaupten, soweit ein Mensch überhaupt etwas mit Sicherheit behaupten kann: Ich hatte ein herrliches Leben. Mein Leben war einmal vom Glück gesegnet, aber ich wurde nie übermütig. Ich hatte ein offenes Haus für jeden Bedürftigen, und ich war glücklich, wenn ich einem Menschen gefällig sein konnte. Ich habe Gott in glühender Hingabe gedient, und meine einzige Bitte an ihn war, ich solle ihm dienen dürfen »mit dem ganzen Herzen, mit der ganzen Seele und mit der ganzen Kraft«. Nach alldem, was ich erlebt habe, kann ich nicht behaupten, daß diese Einstellung ganz unverändert geblieben ist. Mit Sicherheit aber kann ich behaupten, daß sich mein Glaube an ihn nicht um ein Haar verändert hat. Früher, als es mir gut ging, war meine Beziehung zu ihm wie zu einem, der mir immer Gnade erwiesen hat und in dessen Schuld ich immer war. Jetzt aber ist es die Beziehung wie zu einem, der auch mir etwas schuldet. Darum denke ich, ich habe das Recht, ihn zu mahnen: Ich fordere aber nicht wie Hiob, Gott möge mit seinem Finger auf meine Sünde zeigen, damit ich weiß, womit ich die Strafe verdiene. Größere und Bessere als ich sind der Ansicht, daß es sich bei dem, was jetzt geschieht, nicht mehr um Strafe für Sünden handelt: Es geht etwas ganz Besonderes vor in der Welt – es ist jetzt die Zeit, da der Allmächtige sein Gesicht von den Betenden abwendet.
Gott hat sein Gesicht vor der Welt verstellt. Und darum sind die Menschen ihren eigenen wilden Trieben überlassen. So, denke ich, ist es ganz natürlich, daß, wenn die Triebe die Welt beherrschen, diejenigen die ersten Opfer sein mußten, in denen das Göttliche und Reine lebt. Das mag kein Trost sein, aber wie das Schicksal unseres Volkes nicht durch irdische, sondern außerirdische Gesetze bestimmt wird, durch geistige und göttliche, so muß der Gläubige in diesen Ereignissen einen Teil der großen göttlichen Rechnung sehen, im Verhältnis wozu menschliche Tragödien bedeu-

tungslos werden. Das bedeutet nicht, daß ein frommer Jude das Urteil einfach annimmt, wie es ist, und sagt: »Gott hat recht, und sein Urteil ist gerecht.« Zu sagen, daß wir die Schläge verdienen, die wir bekommen, heißt: uns selber mißachten und den Namen Gottes geringschätzen.

Da das so ist, erwarte ich natürlich kein Wunder, und ich bete nicht zu meinem Gott, er möge Mitleid mit mir haben. Er mag gegen mich dieselbe Gleichgültigkeit zeigen, die er gegenüber Millionen anderer seines Volkes gezeigt hat. Ich bin keine Ausnahme von der Regel, und ich erwarte nicht, daß er zu mir eine besondere Beziehung hat. Ich werde nicht versuchen, mich zu retten, und ich werde von hier nicht fliehen. Ich werde dem Feuer die Arbeit erleichtern, indem ich meine Kleider mit Benzin überschütte. Ich habe drei Flaschen Benzin übrig von den Dutzenden Flaschen, die ich den Mördern auf die Köpfe goß. (Es war ein großer Augenblick in meinem Leben, und ich habe tief in meinem Herzen gejauchzt.) Nie hätte ich mir früher vorstellen können, daß ich mich über den Tod von Mensch freuen könnte – und seien es auch Feinde wie diese. Mögen dumme Humanisten sagen, was sie wollen – die Rache war und wird für immer mein letzter Kampfeindruck und meine größte seelische Befriedigung bleiben. Bisher habe ich den Spruch, daß Rache heilig sei, nie begriffen, weil es mir unverständlich erschien, daß Gott und Rache in einem Atemzug genannt werden können.

Jetzt fühle ich, und jetzt weiß ich, daß mein Herz erfreut ist bei dem Gedanken, daß seit Jahrtausenden unser Gott auch ein Gott der Rache ist.

Und jetzt, da ich das Leben und die Welt mit dem ungewöhnlich klaren Blick sehe, der manchen Menschen im Augenblick des Todes gegeben ist, sehe ich, daß es einen grundlegenden Unterschied gibt zwischen unserem Gott und dem Gott der anderen Völker: Unserm Gott wird zwar auch die Rache zugesprochen, und unsere Thora ist voll von Todesdrohungen für die kleinste Sünde, und dennoch genügte ein einziges Todesurteil, ausgesprochen alle 70 Jahre einmal vom Synedrion, dem höchsten Gericht unseres Volkes im eigenen Land, daß das Volk die Richter Mörder nannte. Während der Gott der anderen Völker zwar gebot: sein Ebenbild zu lieben – und doch in seinem Namen unser

Blut vergossen wird, tagein, tagaus, seit 2000 Jahren schon.
Ich habe noch drei Flaschen Benzin. Sie sind mir teuer wie dem Säufer der Wein. Nachdem ich die letzte Flasche über meine Kleider gegossen habe, werde ich diese Zeilen in die leere Flasche legen. Ich werde die Flasche in den Ziegeln des halbvermauerten Fensters verstecken. Sollte jemand die Zeilen finden und lesen, so mag er vielleicht das Gefühl eines Juden verstehen, eines von Millionen, der gestorben ist verlassen von Gott, an den er so stark glaubte. (Die andern beiden Flaschen werde ich auf den Köpfen der Übeltäter in Flammen aufgehen lassen, wenn mein letzter Augenblick gekommen ist.)
Zwölf Menschen waren wir in diesem Zimmer, als der Aufstand begann, und neun Tage lang haben wir gegen den Feind gekämpft. Meine elf Kameraden sind gefallen. Sie sind still gestorben. Selbst der kleine Junge ist still gestorben, wie seine älteren Kameraden. Das geschah heute früh; der Junge war auf den Berg von Toten geklettert, um durch das halbvermauerte Fenster zu schauen. So stand er einige Minuten neben mir. Plötzlich ist er hintenüber gefallen, ist heruntergerollt von dem Leichenhaufen und wie ein Stein liegengeblieben. Zwischen den beiden schwarzen Locken auf seiner kleinen bleichen Sitrn stand ein Blutstropfen – eine Kugel durch den Kopf. Gestern früh, als der Feind sein Feuer gegen unsere Festung eröffnete – eine der letzten im Getto – haben alle noch gelebt. Fünf wurden verwundet und haben weitergekämpft. Im Verlauf der beiden Tage sind alle gefallen. Einer nach dem andern, und einer auf den andern, so wie sie, einer nach dem andern, auf Wacht standen, bis eine Kugel sie traf.
Ich habe nur noch drei Flaschen Benzin. Munition habe ich keine mehr. Aus den drei Stockwerken über mir wird heftig geschossen. Sie können mir aber keine Hilfe senden, da allem Anschein nach die Treppe durch Kanonenfeuer zerstört wurde, ich glaube, das Haus ist im Einstürzen. Ich liege auf der Erde, während ich diese Zeilen schreibe. Ringsum liegen meine toten Kameraden. Ich schaue in ihre toten Gesichter, und es scheint, als ob sie ironisch lächelten, als wollten sie sagen: »Hab ein wenig Geduld, du Narr, noch ein paar Minuten, und auch dir wird alles klarwerden.«

Besonders spöttisch und ironisch scheint mir das Gesicht des kleinen Jungen, der wie schlafend neben meiner rechten Hand liegt. Sein kleiner Mund scheint zu lächeln. Und mir, der noch lebt und fühlt und denkt wie ein Lebender, mir scheint, daß er mich auslacht. Er lacht mich aus mit jenem stillen und vielsagenden Lächeln eines Menschen, der viel weiß und der mit einem Menschen spricht, der nichts weiß und sich einbildet, alles zu wissen. Er weiß schon alles, dieser Junge, und ihm ist alles klar. Er weiß, warum er geboren wurde und warum er so früh sterben mußte, da er doch erst fünf Jahre lebte. Und falls er es nicht weiß, so weiß er wenigstens, daß das Ja-Wissen oder Nicht-Wissen darüber absolut unwichtig und bedeutungslos ist im Angesicht der göttlichen Herrlichkeit in jener besseren Welt, in der er sich jetzt befindet (vielleicht in den Armen seiner ermordeten Eltern, zu denen er zurückgekehrt ist). In ein, zwei Stunden werde auch ich wissen. (Falls das Feuer nicht mein Gesicht aufzehrt, wird vielleicht auch auf meinem Gesicht nach meinem Tode ein ähnliches Lächeln ruhen.) Vorläufig aber lebe ich noch, und vor meinem Tode will ich als ein Lebender zu meinem Gotte sprechen, wie ein einfacher, lebendiger Mensch, der den großen, aber unglückseligen Vorzug hatte, ein Jude zu sein.
Ich bin stolz darauf, ein Jude zu sein! Und das nicht trotz der Beziehung, die die Welt zu uns hat, sondern eben wegen dieser Beziehung. Ich würde mich schämen, einem jener Völker anzugehören, die Übeltäter geboren und aufgezogen haben wie die, die die Verantwortung der Taten gegen uns tragen.
Ich bin stolz darauf, ein Jude zu sein, weil es schwer ist, ein Jude zu sein, sehr schwer. Es ist leicht, ein Engländer zu sein, ein Amerikaner oder ein Franzose, es ist leichter und bequemer, einer von ihnen zu sein – aber keinesfalls ehrenhafter. Ja, es ist eine Ehre, ein Jude zu sein.
Ich glaube, ein Jude zu sein, heißt: ein Kämpfer sein. Ein ewiger Schwimmer gegen den schmutzigen, verbrecherischen Menschenstrom. Ihr Feinde sagt, daß wir schlecht seien, gerne hätte ich gesehen, wie ihr euch an unserer Statt ausgemacht hättet.
Ich bin glücklich, zum glücklichsten aller Völker der Welt zu gehören, dessen Thora die höchste Moral und das schön-

ste aller Gesetze vertritt. Diese Thora wurde noch geheiligter und noch ewiger durch ihre Schändung und Entheiligung durch Gottes Feinde. Ich glaube, man ist zum Juden geboren wie zum Künstler. Man kann sich nicht davon befreien. Das ist der göttliche Vorteil in uns, der uns zum auserwählten Volke machte. Wer das nicht versteht, wird nie den höheren Sinn unseres Märtyrertums verstehen. »Es gibt kein ganzeres Ding als ein gebrochenes Herz«, sagt ein großer Rabbi. Und es gibt kein auserwählteres Volk als jenes, das immer verfolgt wird. Falls ich bisher nicht geglaubt hätte, daß Gott uns zum auserwählten Volk bestimmt hat – unsere Leiden haben mich davon überzeugt. Ich glaube an den Gott von Israel, auch wenn er alles dazu getan hat, mich an ihn unglauben zu machen. Ich glaube an seine Gesetze, auch wenn ich seinen Taten die Berechtigung abspreche. Meine Beziehung zu ihm ist nicht mehr die eines Knechts zu seinem Herrn, sondern die eines Schülers zu seinem Lehrer. Ich neige mich vor seiner Größe, aber ich werde die Rute nicht küssen, mit der er mich züchtigt. Ich habe ihn lieb, aber seine Thora habe ich noch lieber. Und selbst hätte ich mich in ihm getäuscht – seine Thora würde ich weiterhüten. Gott bedeutet Religion, aber seine Thora bedeutet Lebensweise. Und je mehr von uns für diese Lebensweise sterben, um so unsterblicher wird sie.
Du sagst, wir haben gesündigt. Natürlich haben wir gesündigt. Daß wir dafür bestraft werden – auch das kann ich verstehen. Ich will aber, daß du mir sagst, ob es eine Sünde in der Welt gibt, die eine solche Strafe verdient?
Du sagst, du wirst unsern Feinden heimzahlen. – Ich glaube es, daß du ihnen mitleidlos heimzahlen wirst (daran zweifle ich nicht). Ich will aber, daß Du mir sagst, ob es eine Strafe in der Welt gibt, die das Verbrechen sühnen kann, das an uns begangen wurde?
Du sagst vielleicht, es sei jetzt keine Frage von Strafe und Sühne, daß Du nur Dein Gesicht abgewendet und sie ihren Trieben überlassen hast. Ich will Dich fragen, Gott, und diese Frage versengt mich wie ein verzehrendes Feuer: Was soll denn noch geschehen, damit Du uns Dein Gesicht wieder zuwendest?!
Ich will Dir klar und offen sagen, daß wir jetzt mehr als in jeder anderen Epoche unseres unendlichen Leidensweges

– wir, die Gepeinigten, die Geschändeten, die Erstickten, die lebendig Begrabenen und lebendig Verbrannten, wir, die Beleidigten und Erniedrigten, die zu Millionen Ermordeten – das Recht haben, zu wissen, wo die Grenzen Deiner Geduld liegen!
Und noch etwas will ich Dir sagen: Du sollst den Strick nicht allzusehr anspannen, sonst könnte er – Gott verhüte – reißen! Die Versuchung, vor die Du uns gestellt hast, ist so schwer und bitter, daß Du jenen Deines Volkes verzeihen sollst und mußt, die sich in Unglück und Verzweiflung von Dir abgewandt haben.
Verzeih jenen, die sich in ihrem Unglück von Dir abgewandt haben, aber auch denjenigen Deines Volkes, die sich in ihrem Glück von Dir abgewandt haben. Du hast unserem ganzen Leben einen so unendlichen und bitteren Kampf beigegeben, daß die Feigen unter uns diesen Kampf vermeiden mußten und davonliefen, so schnell ihre Füße sie trugen. Schlag sie nicht dafür – Feige schlägt man nicht, gegenüber Feigen hat man Mitleid, und mit ihnen habe mehr Mitleid, Gott, als mit uns.
Verzeih auch denjenigen, die Deinen Namen gelästert haben, die anderen Göttern zu dienen begannen, die gleichgültig gewesen sind gegen Dich. Du hast sie so sehr geschlagen, daß sie nicht mehr glauben, daß Du ihr Vater bist, daß sie überhaupt einen Vater hätten.
Ich sage Dir das alles, weil ich an Dich mehr glaube denn je, weil ich jetzt weiß, daß Du mein Gott bist, weil Du nicht der Gott derjenigen sein kannst, deren Taten das schreckliche Ergebnis ihrer kämpferischen Gottlosigkeit sind. Falls Du nicht mein Gott bist – wessen Gott bis Du? Der Gott der Mörder?
Falls die, die mich hassen, die mich morden, so schlecht sind, so finster, wer bin dann ich, der in sich trägt etwas von Deinem Licht, von Deiner Güte?
Ich kann Dich nicht loben für die Taten, die Du duldest. Ich segne aber und ich lobe Dich für Deine schreckliche Größe, die gewaltig sein muß, wenn selbst das, was jetzt geschieht, auf Dich keinen Eindruck macht.
Und eben weil Du groß bist und ich so klein, bitte ich: Ich warne Dich, um Deines Namens willen! Höre auf, Deine Größe zu beweisen, indem Du die Unglücklichen schlägst!

Ich bitte Dich auch nicht darum, die Schuldigen zu schlagen. Es liegt in der schrecklichen Natur der Ereignisse, daß sie sich selbst bis zum Ende schlagen werden. Denn durch unseren Tod wurde das Gewissen der Welt gemordet, denn die Welt wurde gemordet in Israels Mord.
Die Welt wird sich in ihrem eigenen Bösen verzehren. Sie wird in ihrem eignen Blute ertrinken.
Die Mörder haben über sich selbst das Urteil gesprochen, und sie werden ihm nicht entgehen. Aber Du mußt Dein Urteil sprechen, ein doppelt schweres, über diejenigen, die den Mord verschweigen! Über diejenigen, die den Mord mit dem Munde tadeln, aber sich darüber freuen in ihrem Herzen.
Über diejenigen, die in ihren finsteren Herzen denken: Es schickt sich vielleicht, daß wir sagen, der Mörder ist schlecht, aber er macht die Arbeit für uns, und dafür werden wir ihm immer dankbar sein.
Es steht in der Thora geschrieben, daß ein Dieb strenger bestraft werden muß als ein Räuber, obgleich der Dieb sein Opfer nicht überfällt, sondern sein Verbrechen in der Stille begeht. Der Räuber überfällt sein Opfer am hellen Tag und fürchtet weder Menschen noch Gott. Der Dieb dagegen fürchtet die Menschen, aber nicht Gott, dafür muß er strenger bestraft werden als die Räuber. Es wird mich nicht kränken, wenn Du die Mörder behandelst wie die Räuber, da sie die gleiche Beziehung haben zu Dir und zu uns, und aus ihrem Morden machen sie kein Hehl.
Aber diejenigen, die den Mord verschweigen, diejenigen, die nicht Dich fürchten, sondern das Gerede der Menschen (Dummköpfe, sie ahnen nicht, daß die Menschen gar nicht über sie reden werden!), die, die Mitleid haben mit dem Ertrinkenden und ihn trotzdem nicht retten, sie alle, ich beschwöre Dich, Gott, sie sollst Du bestrafen wie Diebe!
Der Tod kann auf mich nicht warten, und ich muß mit dem Schreiben aufhören. Das Feuer in den oberen Stockwerken wird von Minute zu Minute schwächer. Jetzt fallen die letzten Verteidiger unserer Festung, und mit ihnen fällt und stirbt das große, das schöne, das gottesfürchtige jüdische Warschau. Die Sonne ist im Untergehen, und ich danke Dir, Gott, daß ich sie nicht mehr aufgehen sehen werde. Roter

Schein fällt durchs Fenster, und das Stück Himmel, das ich sehe, ist rot und fließend wie eine Blutkaskade.
Spätestens in einer Stunde werde ich mit Frau und Kindern vereint sein und mit Millionen meines Volkes in einer besseren Welt, wo es keinen Zweifel mehr gibt und wo Gott der einzige Herrscher ist. Ich sterbe ruhig, aber nicht befriedigt, ein Geschlagener, aber kein Verzweifelter, ein Gläubiger, aber kein Betender, ein Verliebter in Gott, aber kein blinder Amensager.
Ich bin ihm nachgegangen, auch wenn er mich von sich geschoben hat, ich habe sein Gebot erfüllt, auch wenn er mich dafür geschlagen hat, ich habe ihn liebgehabt und war und bin verliebt in ihn, auch wenn er mich zur Erde erniedrigt, zu Tode gepeinigt, zur Schande und zum Gespött gemacht hat.
Mein Rabbi hat mir oft eine Geschichte erzählt von einem Juden, der mit Frau und Kind der spanischen Inquisition entflohen ist und über das stürmische Meer in einem kleinen Boot zu einer steinigen Insel trieb. Es kam ein Blitz und erschlug die Frau. Es kam ein Sturm und schleuderte sein Kind ins Meer. Allein, elend wie ein Stein, nackt und barfuß, geschlagen vom Sturm und geängstigt von Donner und Blitz, mit verwirrtem Haar und die Hände zu Gott erhoben, ist der Jude seinen Weg weitergegangen auf der wüsten Felseninsel und hat zu Gott gesagt:
»Gott von Israel – ich bin hierher geflohen, um Dir ungestört dienen zu können, um Deine Gebote zu erfüllen und Deinen Namen zu heiligen: Du aber hast alles getan, damit ich nicht an Dich glaube. Solltest Du meinen, es wird Dir gelingen, mich von meinem Weg abzubringen, so sage ich Dir, mein Gott und Gott meiner Väter: Es wird Dir nicht gelingen. Du kannst mich schlagen, mir das Beste und Teuerste nehmen, das ich auf der Welt habe. Du kannst mich zu Tode peinigen – ich werde immer an Dich glauben. Ich werde Dich immer liebhaben – Dir selbst zum Trotz!«
Und das sind meine letzten Worte an Dich, mein zorniger Gott: Es wird Dir nicht gelingen! Du hast alles getan, damit ich nicht an Dich glaube, damit ich an Dir verzweifle! Ich aber sterbe, genau wie ich gelebt habe, im felsenfesten Glauben an Dich.
Gelobt sei in aller Ewigkeit der Gott der Toten, der Gott der

Rache, der Gott der Wahrheit und des Gesetzes, der bald wieder sein Gesicht der Welt zeigen und ihre Grundfesten mit seiner allmächtigen Stimme erschüttern wird.
Höre, Israel, der Ewige ist unser Gott, der Ewige ist einig und einzig!

Abraham Joshua Heschel

Die ökumenische Bewegung

Als Israel zum Sinai kam, da nahm Gott den Berg auf, hielt ihn über ihren Köpfen und sprach: »Entweder ihr nehmt die Thora an, oder ihr werdet unter dem Berg begraben werden«.
Der Berg der Geschichte ist von neuem über uns. Sollen wir den Bund mit Gott erneuern?
Mit den Worte Jesaijas: »Siehe, die Friedensboten weinen bitterlich . . . der Bund ist gebrochen, die Zeugen werden verachtet, Menschen gelten nichts« (Jes. 33,7-8).
Überall auf der Welt haben Menschen das gleiche Gefühl der Angst, Angst vor dem absoluten Bösen, Angst vor der totalen Vernichtung. Ein apokalyptisches Ungeheuer ist in die Welt gekommen; Flucht ist nicht möglich, ein Versteck gibt es nicht.
Dies ist eine Zeit, in der selbst klar denkende Menschen zur Gewöhnung an das absolute Böse aufrufen, zur Vorbereitung auf die Katastrophe, denn manche internationalen Probleme scheinen unfaßbar, dämonisch, unlösbar zu sein.
Die Welt ist dunkel – für uns, für alle ihre Städte, für ihre Sterne. Und wenn es Dich nicht gäbe, o Herr, wer könnte solche Qual, solches Elend ertragen?
Der Abstand zwischen den Worten, die wir verkündigen, und dem Leben, das wir führen, droht zum Abgrund zu werden. Wie lange wollen wir einen Zustand noch ertragen, der das, was wir bekennen, widerlegt?
Ist es nicht wahr, daß Gott und die atomaren Waffenlager nicht in derselben Welt existieren können? Ist es nicht wahr, daß wir uns angesichts der drohenden Katastrophe zusammentun müssen, um der Verzweiflung zu widerstehen, um die Kapitulation vor dem Bösen zu verhindern?
Der Geist ist krank. Das Herz ist verwirrt. Die Menschheit

berauscht sich an dem Gefühl absoluter Machtvollkommenheit. Immer wieder verletzen wir einander mit unserer Arroganz.
Diese verzweifelte Situation hat ihre Ursache nicht in ökonomischen Konflikten. Sie kommt aus einer Paralyse des Geistes.
Unsere Zeit ist die Zeit des Mißtrauens. Die meisten von uns leben anscheinend nach der Regel: Mißtraue deinem Nächsten wie dir selbst. Dieses völlige Mißtrauen führt zur Verzweiflung an der Fähigkeit des Menschen zur Freiheit, es führt schließlich zur Kapitulation vor den Mächten des Bösen, vor den Götzen der Gewalt, vor den Ungeheuern selbstgerechter Ideologien.
Was wird uns retten? Eine Wiedergeburt der Achtung vor dem Menschen, der unstillbare Zorn über jede Gewalttat, brennendes Mitleiden mit allen Entrechteten, Weisheit des Herzens. Doch bevor wir anderen die Schuld geben, laßt uns die eigenen Fehler sehen.
Allen Menschen gemeinsam sind Armut, Elend und Unsicherheit. Allen Religionen gemeinsam ist die Kraft, dem reinen Nützlichkeitsdenken zu widerstehen, das Beharren darauf, daß die Würde des Menschen in seiner Kraft zum Mitleiden liegt, in seiner Opferbereitschaft, in seiner Fähigkeit zur Selbstverleugnung.
Unsere Zeit kennzeichnet das Ende der Selbstgefälligkeit. Wir haben die Wahl in der Entscheidung, vor die Moses uns stellt: »Leben und Tod habe ich euch vorgelegt, Segen und Fluch. So wählet nun das Leben . . .« Es ist die Aufgabe der Religion, den Abscheu vor Gewalt und Lüge lebendig zu halten, die Empfindsamkeit für das Leiden anderer, die Liebe zum Frieden. Gott ist im Leben eines jeden Menschen auf dem Plan. Er setzt die Menschheit nie einer Bedrohung aus, ohne ihr zugleich die Kraft zu geben, diese Bedrohung zu bestehen.
Verschieden sind die Sprachen der Gebete, aber die Tränen sind dieselben. Wir alle haben eine Vision von Ihm, in dessen Erbarmen die Gebete aller Menschen zusammentreffen.
Mit den Worten des Propheten Maleachi: »Vom Aufgang der Sonne bis zu ihrem Niedergang ist Mein Name groß unter den Völkern, allerorten wird Meinem Namen ein Opfer gebracht, ein reines Opfer, denn groß ist Mein Name

unter den Völkern, spricht der Herr der Heerscharen« (Mal. 1,11). Mir scheint, der Prophet verkündet hier, daß Menschen überall auf der Welt – so verschieden ihre Bekenntnisse zu Gott sein mögen – dem Einen Gott dienen, dem Vater aller Menschen, selbst wenn sie sich dessen vielleicht nicht bewußt sind.
Was wird uns retten? Gott; und unser Glaube an die Bedeutung des Menschen für Gott.
Solches ist das Ende der Geschichte: Heuchelei, die Unfähigkeit, die Überzeugungen, den Glauben anderer zu achten. Wir müssen in Treue an den einzigartigen, heiligen Gütern unserer eigenen Tradition festhalten, und wir müssen zugleich anerkennen, daß die Vielfalt der Religionen in dieser Welt wohl so von Gott gewollt ist.
Die Achtung vor den Überzeugungen anderer, die Achtung vor ihrem Glauben ist mehr als ein politisches und soziales Erfordernis. Sie entspringt der Erkenntnis, daß Gott größer ist als die Religionen, daß der Glaube mehr ist als das Dogma, daß Theologie in einer Tiefen-Theologie wurzelt.
Die ökumenische Bewegung ist die Erkenntnis, daß religiöse Wahrheit nicht im luftleeren Raum erscheint, daß die Themen der Theologie vor-theologisch sind, daß die Religion das ganze Leben des Menschen umgreift, seine Überzeugungen wie seine Taten, und daß sie deshalb nie von diesem Leben isoliert betrachtet werden darf.
Gewöhnlich schiebt man den säkularen Wissenschaften und antireligiösen Philosophien die Schuld am Niedergang der Religion in der modernen Gesellschaft zu. Es wäre ehrlicher, wenn wir die Religion selbst für ihre Fehler zur Verantwortung zögen. Nicht weil die Religion widerlegt worden wäre, ist sie in so schlechtem Zustand, sondern weil sie bedeutungslos und langweilig, repressiv und schal geworden ist. Wenn der Glaube durch Dogmatik ersetzt wird, der Gottesdienst durch Zwang, die Liebe durch Gewohnheit; wenn die heutige Krise über dem Glanz vergangener Zeiten übersehen wird; wenn der Glaube zum Besitz wird und kein lebendiger Brunnen mehr ist; wenn die Religion im Namen der Herrschaft und nicht mit der Stimme des Mitleids spricht: dann hat ihre Botschaft keine Bedeutung mehr! (Vgl. A. J. Heschel, God in Search of Man, New York 1955, S. 3).
Die große geistige Erneuerung in der katholischen Kirche,

inspiriert durch Papst Johannes XXIII., ist ein Zeichen für die Tiefendimension religiöser Existenz. Sie hat schon jetzt viele Herzen aufgetan und wertvolle Erkenntnisse erschlossen.

Im Herzen der Menschen lebt das Verlangen nach Frieden. Aber Friede ist etwas anderes als die Abwesenheit von Krieg. Friede unter den Menschen ist nur möglich in einer Beziehung der gegenseitigen Achtung.

Im Geiste dieser Tiefen-Theologie verkündete Kardinal Bea seine Absicht, der nächsten Sitzung des Konzils eine Erklärung zur Religionsfreiheit vorzulegen, in der die Väter aufgerufen waren, vor aller Welt zustimmend die Unverletzlichkeit des menschlichen Gewissens als Grundrecht jedes Menschen anzuerkennen, unabhängig von seinen jeweiligen religiösen oder ideologischen Überzeugungen. Kardinal Bea sagte dazu, daß das Axiom »Irrtum hat kein Lebensrecht«, das manchen katholischen Apologeten so glatt über die Lippen geht, blanker Unsinn ist, denn Irrtum ist ein Abstraktum, das weder Rechte noch Pflichten haben kann. Es sind Menschen, die Rechte haben, und auch wenn sie irren, ist ihr Recht auf die Freiheit des Gewissens absolut.

Um die klassische rabbinische Literatur zu zitieren: »Die Gerechten aller Völker haben Anteil an der kommenden Welt«, ihnen ist das ewige Leben zugesagt. »Ich rufe Himmel und Erde zu Zeugen an, daß der Heilige Geist auf jedem Menschen liegt, er sei Jude oder Heide, Mann oder Frau, Freier oder Sklave, in Übereinstimmung mit seinen Taten«.

Gottes Stimme hat viele Sprachen; sie vermittelt sich in einer Vielfalt von Eingebungen.

Gottes Wort hat kein Ende. Kein Wort ist Gottes letztes Wort.

Die Hauptaufgabe des Menschen ist es, Gottes Achtung und Sorge für die Freiheit des Menschen zu erkennen; Freiheit: die höchste Form von Gottes Sorge um den Menschen.

Mit den Worten der Enzyklika von Papst Johannes, *Pacem in Terris:* »Jeder Mensch hat das Recht auf Freiheit bei der Suche nach Wahrheit und für die Äußerung und Vermittlung seiner Überzeugungen . . . Jeder Mensch hat das Recht, Gott gemäß den Geboten eines ehrlichen Gewissens zu ehren«.

Der kostbarste Gedanke des Menschen ist Gott, aber der kostbarste Gedanke Gottes ist der Mensch.
Der religiöse Mensch ist jemand, der Gott und Mensch stets zusammen denkt, der an sich das Unrecht erleidet, das anderen angetan wird, dessen größte Leidenschaft das Mitleiden ist, dessen größte Kraft die Liebe ist und die Absage an die Verzweiflung.

Gedenken

Darum spricht der Herr also:
Weil an eure Schuld erinnert wird,
indem eure Freveltaten offenbar werden,
sodaß man eure Sünden
in allen euren Taten sieht –
weil an euch erinnert wird,
werdet ihr um ihretwillen ergriffen werden.

Hesekiel 21,29

Elizabeth Wright

Stimmen aus dem Holocaust
Liturgie für einen christlichen Iom-HaShoah-Gottesdienst

Iom HaShoah ist der jüdische Gedenktag für die Opfer des Holocaust. Er wird am 27. Nissan begangen; da der jüdische Kalender nach dem Mondjahr berechnet wird, ändert sich dieses Datum im üblichen Kalender von Jahr zu Jahr. 1979 fällt Iom HaShoah auf den 24. April.

1. Eindringen in die Dunkelheit

Ein Wirbelwind kann nicht gelehrt werden, er muß erfahren werden. Und wir können nicht verstehen, was während der Shoah geschah – jenem Wirbelwind der Zerstörung, in dem Hitlerdeutschland 6 Millionen Juden ermordete –, wenn wir nur die historischen Fakten und Zahlen sowie wissenschaftliche Erklärungen lernen. Fakten, Zahlen und Erklärungen sind notwendig. Aber wir müssen an die dunklen Tage und brennenden Nächte herankommen, wir müssen sie fühlen und schmecken. Unsere Herzen müssen sich in Schrecken und Schmerz zusammenziehen. Unser Geist muß weit genug werden, um dem Unglaublichen Raum zu geben. Und unsere Liebe für das Gute im Leben muß stark genug werden, um in die Dunkelheit einzudringen, um das Zentrum jener Dunkelheit zu entdecken, die Erfahrung selbst.
Die Dunkelheit beherrschte jede Straße jedes Dorfes, jeder Stadt, jedes Landes, die von Nazideutschland besetzt waren. Der innerste Kreis dieser Geographie der Hölle war das Konzentrationslager. Im Lager kam die Menschlichkeit vom

Licht des Tages in das Tal der Schatten des Todes. Und doch ging das Leben weiter. Das Zeugnis der Überlebenden jenes Lebens reicht bis zu uns, es erfordert unsere Aufmerksamkeit, unser Mitleiden, unseren Schmerz und unsere Hingabe an die Aufgaben, die noch zu tun bleiben. Dieses Zeugnis erfordert die Erweiterung unseres Lebens, auf daß wir jene 6 Millionen umfassen und in eine Welt zurückbringen, die das Geschehene nicht vergessen darf und nicht zu vergessen wagt.

So müssen wir in die Vergangenheit eindringen. Aber welcher Paß wird uns den Eintritt in die Hölle verschaffen? Wir wissen, daß die Welt, die wir betreten wollen, ganz anders ist als die Welt, die wir kennen – wie also können wir den Bereich unseres Bewußtseins erweitern, damit die Hölle und die Erfahrung dieser Hölle für uns real werden? Zwei Wege stehen uns offen: Wir können unser Wissen von dem Geschehen vergrößern, wir können versuchen, die Strukturen und Einzelheiten des Polizeistaates Hitlerdeutschland kennenzulernen. Und wir können unser Wissen von uns selbst, vom inneren Wesen des Menschen vergrößern, von jener Bandbreite der Gefühle zwischen Liebe und Haß und Todesangst – allerdings nur, wenn wir das alltägliche Leben jener erfahren, die in der Hölle Nazideutschlands lebten. Für dieses zweite Vorgehen sind Fakten von geringer Bedeutung. Aber die Literatur jener Zeit vermittelt ja auch nicht nur Fakten, sondern Gefühle. Das Wissen vom Bösen, das in uns möglich ist, kann der Verstand oder der Intellekt nicht tragen, es ist eine zu schwere Last. Wir können in den Holocaust und in seine Geographie nur auf diesem zweifachen Wege eintreten: mit einem klaren Kopf und mit jener Demut und Offenheit, die in der Bibel einer umkehrwilligen Seele zugeschrieben werden. Nur so können wir sehen und im Sehen verstehen.

2. Warum ich schreibe . . .

Einige Stimmen aus dem Holocaust sind die Worte von Menschen, die kurz nachher in den Ghettos oder in den Todeslagern umkamen. Chaim Kaplan führte im Warschauer Ghetto heimlich ein Tagebuch:

Die schrecklichen Ereignisse verschlingen mich; die Greueltaten, die im Ghetto begangen werden, haben mich so erschreckt und gelähmt, daß ich weder die physische noch

die psychische Kraft habe, die Ereignisse mit der Feder eines Schriftgelehrten festzuhalten und weiterzugeben. Ich kenne keine Worte, die das ausdrücken könnten, was seit jenem Tag mit uns geschehen ist, als die Vernichtung befohlen wurde. Diejenigen, die aus Büchern eine Vorstellung von früheren Vernichtungen haben, wissen gar nichts. Wir, die Bewohner des Warschauer Ghettos, erfahren jetzt die Wirklichkeit. Unser einziges Glück ist die Gewißheit, daß unsere Tage gezählt sind – daß wir unter diesen Bedingungen nicht mehr lange leben müssen, daß wir nach unseren grauenhaften Leiden und Irrfahrten die ewige Ruhe finden werden, die uns im Leben versagt ist. Wir gestehen uns ein, daß der Tod, der hinter den Mauern auf uns wartet, unsere Erlösung ist; aber es bleibt ein Stachel dabei zurück: Es wird uns nicht mehr vergönnt sein, den Untergang der Nazis zu erleben, der mit Sicherheit kommen wird.
Einige meiner Freunde und Bekannten, die um das Geheimnis meines Tagebuches wissen, raten mir in ihrer Verzweiflung, mit dem Schreiben aufzuhören. »Warum? Wozu? Wirst du erleben, wie es veröffentlicht wird? Werden deine Worte an die Ohren kommender Generationen dringen? Wie? Wenn du deportiert wirst, kannst du es nicht mitnehmen, denn die Nazis überwachen jede deiner Bewegungen; und selbst wenn du es verstecken kannst, wenn du Warschau verläßt: dann wirst du unterwegs sterben, denn deine Kräfte lassen nach. Und wenn du nicht vor Entkräftung stirbst, dann wirst du vom Schwert der Nazis sterben. Kein einziger der Deportierten wird bis zum Ende des Krieges durchhalten können.«
Und doch, trotz allem, ich weigere mich, auf sie zu hören. Ich fühle, daß es eine geschichtliche Aufgabe ist, dieses Tagebuch bis zum Ende meiner körperlichen und geistigen Kräfte fortzusetzen, ich kann sie nicht einfach lassen. Noch ist mein Kopf klar, noch ist mein Bedürfnis zu berichten nicht gestillt, obwohl es jetzt fünf Tage her ist, daß wirkliches Essen über meine Lippen ging. Darum werde ich mein Tagebuch nicht verstummen lassen (26. Juli 1942).

3. Die Stimme eines Kindes aus Theresienstadt
Paul Friedmann (11 Jahre): Der Schmetterling

Der letzte war's der aller allerletzte

der satt und bitter blendend grelle
vielleicht wenn eine Sonnenträne irgendwo auf weißem Stein erklingt

so war das Gelb
und trug sich schwebend in die Höhe
er stieg gewiß wollt' küssen er dort meine letzte Welt

Und sieben Wochen leb ich da
ghettoisiert
hier fanden mich die Meinen
mich ruft der Löwenzahn
und auch der weiße Zweig im Hof auf der Kastanie
doch einen Schmetterling hab ich hier nicht gesehn

das war gewiß der allerletzte
denn Schmetterlinge leben nicht
im Ghetto.

4. Unsere Körper lösten sich auf; man wurde zur Nummer

Andere, die überlebten, sprechen zu uns von ihren Erfahrungen als Gefangene. So der Arzt Viktor Frankl:

Als die letzte subkutane Fettschicht verschwunden war und wir wie Skelette aussahen, verkleidet mit Haut und Lumpen, da konnten wir beobachten, wie unsere Körper sich langsam auflösten. Der Organismus verdaute sein eigenes Protein, die Muskeln verschwanden. Dann hatte der Körper keine Widerstandskraft mehr. Einer nach dem anderen starben die Mitglieder unserer kleinen Gemeinschaft in der Erdhütte. Jeder von uns konnte ziemlich genau voraussagen, wer als nächster an die Reihe kommen würde, wann er selbst an der Reihe wäre. Nach vielen Beobachtungen kannten wir die Symptome nur zu gut, unsere Prognosen waren recht genau. »Er macht es nicht mehr lange«, oder »er ist der nächste«, flüsterten wir uns zu, und wenn wir abends bei der täglichen Suche nach Läusen unsere nackten Körper sahen, dann empfanden wir dasselbe: Dieser Körper, mein Körper, ist in Wirklichkeit schon ein Leichnam. Was ist aus mir geworden? Ich bin nur noch ein Teilchen in einer großen Masse menschlichen Fleisches ... einer Masse, die hinter Stacheldraht in wenigen Erdlöchern zusammengedrängt ist; einer

Masse, von der täglich ein weiterer Teil zu faulen beginnt, weil er aufgehört hat zu leben ...
Ein Außenstehender wird kaum begreifen, wie wenig ein Menschenleben im Lager wert war. Der Lagerinsasse war hart geworden – er wurde sich der völligen Mißachtung menschlichen Lebens höchstens bewußt, wenn ein Krankentransport zusammengestellt wurde. Die abgemagerten Körper der Kranken wurden auf zweirädrige Karren geworfen, die von Gefangenen kilometerweit, oft durch Schneestürme, ins nächste Lager gezogen wurden. Und wenn einer der Kranken schon vor Abfahrt der Karren gestorben war, dann wurde er dennoch darauf gelegt: Die Liste mußte stimmen! Die Liste war das einzig Wichtige. Ein Mensch zählte nur, weil er eine Gefangenennummer trug. Man wurde buchstäblich zur Nummer: ob lebendig oder tot, das war nicht wichtig; das Leben einer »Nummer« war völlig ohne Bedeutung. Was hinter einer Nummer, was hinter einem Leben stand, war noch unwichtiger: das Schicksal, die Geschichte, der Name eines Menschen.

Diese Stimmen sind für uns, die Überlebenden, lebensnotwendig. In gewissem Sinne sind wir alle Überlebende. Unsere Generation – nicht nur die Juden, sondern wir alle – muß mit der Tatsache leben, daß es nach dem Holocaust Unschuld nicht mehr gibt. Angesichts des Geschehens wissen wir, daß der Schrecken, der Menschen von Menschen angetan werden kann, grenzenlos ist. Nur wir selbst können verhindern, daß er sich wiederholt.

5. Die Schreckensqual des Geistes

Die physische Qual während des Holocausts war schrecklich. Aber die Stimmen erzählen uns auch von einer wahrhaft grauenhaften Qual des Geistes – vor allem von dem Gefühl der Opfer, völlig vom Rest der Welt abgeschnitten zu sein. Und hinter dem Schweigen der Menschen stand das noch schrecklichere Schweigen Gottes.

Alle kamen auf die eine oder andere Weise bis ins Zentrum des Dunkels, fielen der »Endlösung« zum Opfer. Die erlittene physische Qual bedarf keines weiteren Kommentars. Aber was in allen Büchern zu diesem Thema angesprochen wird, ist das wahrhaft grauenhafte Gequältsein des Geistes: das Gefühl der totalen Isolierung von der übrigen Welt, das Gefühl – nur zu berechtigt! –, daß sie in der Stunde ihrer Todesqual von fast allen Menschen verlassen wurden. Es geht hier nicht um die moralischen Folgen dieses Versagens der Menschheit (wobei es rühmliche Ausnahmen gab wie die Dänen, die dafür sorgten, daß beinahe kein Jude den Nazis in die Hände fiel), sondern es geht hier um die Konsequenzen, die dieses Versagen für den Geist der Lagerhäftlinge hatte. Die Menschheit schien ihre Augen und Ohren verschlossen zu haben; da war keine Bewegung, nicht einmal eine symbolische Geste, um wenn schon nicht Hilfe, so doch wenigstens Hoffnung zu geben.

6. Diese Nacht werde ich nie vergessen

Elie Wiesel war 14 Jahre alt, ein behüteter, tief religiöser Dorfjunge, als er mit einem Transport nach Auschwitz kam. Er beschreibt die Nacht, als sie im Lager ankamen:

Nie werde ich diese Nacht vergessen, die erste Nacht im Lager, die mein Leben in eine einzige lange Nacht verwandelte, siebenfach verflucht, siebenfach versiegelt. Nie werde ich den Rauch vergessen. Nie werde ich die kleinen Gesichter der Kinder vergessen, die ich in Rauch aufgehen sah unter einem schweigenden blauen Himmel.
Nie werde ich die Flammen vergessen, die meinen Glauben für immer verschlangen.
Nie werde ich das nächtliche Schweigen vergessen, das mir für immer den Wunsch zum Leben nahm. Nie werde ich diese Augenblicke vergessen, die meinen Gott und meine Seele töteten, die meine Träume zu Staub werden ließen. Nie werde ich dies alles vergessen – und wenn ich dazu verdammt wäre, so lange zu leben wie Gott selbst. Nie.

7. Eines Tages, als wir von der Arbeit kamen, sahen wir drei Galgen

Noch einmal Elie Wiesel, der die Ausführung einer Hinrichtung im Konzentrationslager beschreibt:

Eines Tages, als wir von der Arbeit kamen, sahen wir drei Galgen auf dem Appellplatz aufgerichtet, drei schwarze Krähen. Abendappell. Um uns die SS, Maschinengewehre am Abzug: die übliche Zeremonie. Drei Opfer in Ketten – und eines von ihnen ist der kleine Diener, der Engel mit den traurigen Augen.
Die SS war unruhiger, nervöser als gewöhnlich. Einen kleinen Jungen vor Tausenden von Augenzeugen zu hängen, war gar nicht so einfach. Der Lagerkommandant verlas das

Urteil. Alle Augen blickten auf das Kind. Er war totenblaß, beinahe ruhig, er biß sich die Lippen. Die Galgen warfen ihre Schatten auf ihn.

Diesmal weigerte sich der Lagerkapo, als Henker zu fungieren. Drei SS-Leute traten an seine Stelle.

Gleichzeitig stiegen die drei Opfer auf die Hocker.

Gleichzeitig wurden die drei Nacken in die Schlingen gelegt.

»Es lebe die Freiheit«, riefen die beiden Erwachsenen. Das Kind aber schwieg.

»Wo ist Gott? Wo ist Er?«, fragte jemand hinter mir.

Auf ein Zeichen des Lagerkommandanten hin wurden die drei Hocker umgestoßen.

Völlige Stille im Lager. Am Horizont ging die Sonne unter.

»Mützen ab!«, schrie der Lagerkommandant. Seine Stimme war heiser. Wir weinten.

»Mützen auf!«

Dann begann der Vorbeimarsch. Die beiden Erwachsenen lebten nicht mehr. Ihre Zungen waren geschwollen, bläulich. Aber das dritte Seil bewegte sich noch. Das Kind war zu leicht, es lebte noch . . .

Mehr als eine halbe Stunde hing er so, im Kampf zwischen Leben und Tod, im langsamen Todeskampf starb er vor unseren Augen. Und wir mußten ihm ins Gesicht sehen. Er lebte noch, als ich an ihm vorbeiging. Seine Zunge war noch rot, seine Augen waren noch klar.

Hinter mir hörte ich denselben Mann fragen: »Wo ist Gott jetzt?«

Und in mir hörte ich eine Stimme antworten:

»Wo Er ist? Er ist hier – Er hängt hier an diesem Galgen . . .«

An jenem Abend schmeckte die Suppe nach Toten.

8. Wohnungen des Todes

Die geistige Nacht der Konzentrationslager zerstörte nicht nur die ausersehenen Opfer, sondern auch die Henker, diese klugen Techniker des Todes. Die Dichterin Nelly Sachs ruft die rauchenden Schornsteine der Krematorien zurück:

O die Schornsteine
auf den sinnreich erdachten Wohnungen des Todes,

Als Israels Leib zog aufgelöst in Rauch
Durch die Luft –
Als Essenkehrer ihn ein Stern empfing,
Der schwarz wurde
Oder war es ein Sonnenstrahl?

O die Schornsteine!
Freiheitswege für Jeremias und Hiobs Staub –
Wer erdachte euch und baute Stein auf Stein
Den Weg für Flüchtlinge aus Rauch?

O die Wohnungen des Todes
Einladend hergerichtet
Für den Wirt des Hauses, der sonst Gast war –
O ihr Finger,
Die Eingangsschwelle legend
Wie ein Messer zwischen Leben und Tod –

O ihr Schornsteine,
O ihr Finger,
Und Israels Leib im Rauch durch die Luft!

9. Jüdischer Widerstand

Während und seit der Hitlerzeit ist unter den Juden die Debatte über die Frage nach ihrem Widerstand gegen die Nazis nicht verstummt: ob man Widerstand leisten sollte, warum und zu welchem Zweck. Eine der Stimmen in dieser Debatte ist die von Alexander Donat in seinen Erinnerungen an das Warschauer Ghetto:

Es war ein hartnäckiger, endloser, ständiger Kampf ums Überleben. Angesichts der ungleichen Kräfte war es eine Sisyphusarbeit. Jüdischer Widerstand war der Widerstand eines schon im Netz gefangenen Fisches, einer Maus in der Falle, eines Tieres, das in die Ecke gedrängt war. Es ist ein Märchen, daß die Juden nur »passiv« waren, daß sie den Nazis, die ihre Vernichtung beschlossen hatten, keinen Widerstand leisteten. Die Juden kämpften gegen ihre Feinde in einem Maße, wie es keine andere Gemeinschaft der Welt in ähnlich bedrohter Lage hätte leisten können. Sie kämpften gegen Hunger und Verhungern, gegen Seuchen, gegen die tödliche wirtschaftliche Blockade der Nazis. Sie kämpften gegen die deutschen Mörder und gegen die Verräter aus den eigenen Reihen, und *sie standen in ihrem Kampf völlig allein.* Sie waren von Gott und den Menschen verlassen,

umgeben von Haß oder Gleichgültigkeit der nichtjüdischen Bevölkerung.
Unser Krieg war nicht romantisch. Es gab großen Heldenmut, aber wenig Schönheit; viel Mühsal und Leiden, aber keinen Glanz. Wir kämpften an allen Fronten – der biologischen, der ökonomischen, der publizistischen, der kulturellen – mit allen Mitteln, die uns zur Verfügung standen.
Letztlich waren es Verrat, Betrug und List eines bisher ungekannten Ausmaßes, die vollendeten, was Hunger und Krankheit nicht schaffen konnten. Was uns am Ende besiegte, war der unzerstörbare Optimismus der Juden, unser ewiger Glaube an das Gute im Menschen – oder besser: an die Grenzen seiner möglichen Entwürdigung. Seit Generationen hatten die Juden Osteuropas in Berlin das Symbol für Rechtmäßigkeit, Aufklärung und Kultur gesehen. Wir konnten einfach nicht glauben, daß ein Deutscher, selbst als Nazi verkleidet, seine eigene Menschlichkeit so weit verraten könnte, daß er Frauen und Kinder kaltblütig und systematisch ermordete. Wir zahlten einen furchtbaren Preis für diese unsere Hoffnung, die sich als Illusion entpuppte: als die Illusion, daß das Volk von Kant, Goethe, Mozart und Beethoven nicht ein Volk von Mördern sein könne. Und als wir endlich sahen, wie sehr wir getäuscht worden waren, als wir auf die Waffen zurückgriffen, auf die wir geschichtlich, philosophisch und psychologisch am wenigsten vorbereitet waren, als wir schließlich den bewaffneten Kampf aufnahmen: da schrieben wir in die Annalen der Geschichte das unvergeßliche Kapitel vom Aufstand des Warschauer Ghettos.

10. Warum hassen uns die Christen?

Unter den vielen komplexen Faktoren, die zum Aufstieg des Nazismus führten, ist zweifellos einer der entscheidenden die jahrhundertelange Geschichte christlicher Feindschaft, Unterdrückung und sporadischer Gewaltanwendung gegen Juden. Ohne dieses mächtige antijüdische Gift im Kreislauf des christlichen Europa, ohne den Aberglauben und die religiösen Dogmen, die seit langem zur Rechtfertigung der Judenfeindschaft angewendet wurden, wäre das Programm der Nazis niemals so fürchterlich erfolgreich gewesen.
Diese uralte christliche Judenfeindschaft ist das Thema eines Gesprächs in André Schwarz-Barts Roman »Der Letzte der Gerechten«. Erni und Golda sind 2 junge Juden, die sich während der Nazi-Besatzung in Paris treffen.

»Oh! Erni«, sagte Golda, »du kennst sie doch, sag mir, warum sind die Christen so böse auf uns? Dabei sehen sie nett aus, wenn man sie ohne Stern anschaut.«
Ernst schlang Erni seinen Arm um Goldas Schultern.
»Das ist sehr geheimnisvoll«, murmelte er auf jiddisch, »sie wissen es selber nicht genau. Ich bin in ihren Kirchen gewesen und habe ihre Evangelien gelesen. Weißt du, wer Christus war? Ein gewöhnlicher Jude wie dein Vater, eine Art Chassid.«
Golda lächelte sanft. »Du machst dich lustig«, sagte sie.
»Doch, doch, glaub mir, und ich wette sogar, daß sie sich alle beide gut verstanden hätten, denn er war wirklich ein guter Jude, weißt du, in der Art vom Baal Schem Tow: ein Barmherziger, ein Sanfter. Die Christen sagen, daß sie ihn lieben, aber ich glaube, sie hassen ihn, ohne es zu wissen. Und deshalb nehmen sie das Kreuz am andern Ende und machen ein Schwert daraus und schlagen uns damit! Verstehst du, Golda«, rief er plötzlich seltsam erregt, »sie nehmen das Kreuz und drehen und drehen es um, mein Gott . . .«
»Pscht, pscht«, sagte Golda, »man wird uns hören.«
Und mit ihrer kleinen Hand über die Narben auf Ernis Stirn fahrend, wie sie das häufig zu tun liebte, lächelte sie: »Und dabei hattest du mir versprochen, den ganzen Nachmittag nicht zu ›denken‹.«
Erni küßte die Hand, die seine Stirn linderte, und fuhr hartnäckig fort: »Der arme Jesuah, wenn er auf die Erde zurückkäme und sähe, daß die Heiden aus ihm ein Schwert gegen seine Brüder und Schwestern gemacht haben, wäre er traurig, unermeßlich traurig. Und vielleicht sieht er es, denn man sagt, daß gewisse Gerechte an der Tür des Paradieses stehenbleiben. Sie wollen die Menschen nicht vergessen und warten auch auf den Messias. Ja, vielleicht sieht er es, wer weiß . . . Verstehst du, Goldele, er war ein kleiner Jude, wie sie bei uns zulande sind . . . ein richtiger kleiner Gerechter, weißt du, nicht mehr und nicht weniger als . . . alle unsere Gerechten. Und es ist wahr, dein Vater und er hätten sich gut verstanden. Ich kann mir sie so gut zusammen vorstellen, weißt du: ›Also‹, würde dein Vater sagen, ›also, mein guter Rabbi, ist es nicht ein wahres Herzeleid, all das zu sehen?‹ Und der andere würde sich an den Bart fassen und

sagen: ›Aber du weißt doch, mein guter Schmühl, daß das jüdische Herz tausendmal zum größten Wohl der Völker brechen muß. Dafür sind wir auserwählt, weißt du das nicht?‹ Und dein Vater würde sagen: ›Oje, oje, ob ich es weiß, ob ich es weiß? Aber, trefflicher Rabbi, leider weiß ich nur das . . .‹«
Sie lachten beide. Golda holte ihre Mundharmonika aus der Tiefe ihrer Handtasche hervor, ließ sie Erni unter der Nase funkeln, und immer noch lächelnd, setzte sie das Instrument an die Lippen und begann, ihm verbotene Klänge zu entlokken; es war das alte Hoffnungslied der Hatikwah, und indes sie mit unruhigen Augen den Square Mouton-Duvernet durchforschte, genoß sie eine Art Lust an der verbotenen Frucht. Erni bückte sich, riß ein Büschel leicht brandigen Grases aus und machte sich daran, es in Goldas noch feuchtes Haar zu stecken. Beim Aufbruch wollte er ihr dies klägliche Gewinde abnehmen, doch das junge Mädchen hielt seine Hand fest: »Was die Leute denken, ist mir alles egal. Alles . . .«, wiederholte sie mit einem plötzlichen Ausdruck von Ernst.

11. Chor der Geretteten

Innerhalb weniger Monate waren Erni und Golda in einer Gaskammer umgekommen. Diejenigen Juden, die nicht starben, sondern irgendwie den Untergang des Dritten Reiches erlebten, mußten unter Schmerzen lernen, die Welt wieder zu betreten. Die Dichterin Nelly Sachs leiht ihnen in ihrem »Chor der Geretteten« die Stimme:

Wir Geretteten,
Aus deren hohlem Gebein der Tod schon seine Flöten schnitt,
An deren Sehnen der Tod schon seinen Bogen strich –
Unsere Leiber klagen noch nach
Mit ihrer verstümmelten Musik.
Wir Geretteten,
Immer noch hängen die Schlingen für unsere Hälse gedreht
Vor uns in der blauen Luft –
Immer noch füllen sich die Stundenuhren mit unserem tropfenden Blut.

Wir Geretteten,
Immer noch essen an uns die Würmer der Angst.
Unser Gestirn ist vergraben im Staub.

Wir Geretteten
Bitten euch:
Zeigt uns langsam eure Sonne.
Führt uns von Stern zu Stern im Schritt.
Laßt uns das Leben leise wieder lernen.
Es könnte sonst eines Vogels Lied,
Das Füllen des Eimers am Brunnen
Unsern schlecht versiegelten Schmerz aufbrechen lassen
Und uns wegschäumen –
Wir bitten euch:
Zeigt uns noch nicht einen beißenden Hund –
Es könnte sein, es könnte sein,
Daß wir zu Staub zerfallen –
Vor euren Augen zerfallen in Staub.
Was hält denn unsere Webe zusammen?
Wir odemlos gewordene,
Deren Seele zu IHM floh aus der Mitternacht,
Lange bevor man unseren Leib rettete
In der Arche des Augenblicks.
Wir Geretteten,
Wir drücken eure Hand,
Wir erkennen euer Auge –
Aber zusammen hält uns nur noch der Abschied,
Der Abschied im Staub
Hält uns mit euch zusammen.

12. Die Auferstehung – Elegie für 6 Millionen

Die Stimmen der Toten, der Geretteten, der Lebenden sind heute zu einem immer größer werdenden Chor vereint, da die Juden die Aufgabe begonnen haben zu erinnern, die Kinder zu lehren, Zeugnis vor der Welt abzulegen. Einige Gemeinden beten inzwischen das folgende Gedicht von David Polish in ihrer Liturgie an den »schrecklichen Tagen«, der Zeit von Iom Kippur bis zu Rosch HaShana (Neujahr). Es heißt: Die Auferstehung – Elegie für 6 Millionen.

Eines Tages werden sie sich versammeln im Tal der
Knochen –
Asche aus den Verbrennungsöfen, Gestank aus Lüneburg,
Pergament aus dem Buch eines Freundes, Seifenstücke,
Halbfertige Embryos und Schreie, die im Alptraum noch zu
hören sind.
Der Atem Gottes wird sie berühren. Gott wird sie berühren.

Gott wird sagen: Werdet Menschen.
Aber sie werden ihn abweisen: Wir hören dich nicht. Hast du uns gehört?
Für uns gibt es keine Auferstehung. Im Leben war es wunderbar
Für jeden von uns, er selbst zu sein, die Glieder seinen Willen tun zu lassen.
Aber jetzt sind die vielen einer geworden. Unser Blut ist zusammengeflossen,
Unsere Asche ist untrennbar, unser Mark vermischt,
Unsere Stimmen flossen zusammen wie das Wasser des Meeres.
Wir werden dieses größere Selbst nicht aufgeben.
Wir: die Abrahams, Isaaks, Jakobs, Saras, Leas, Rachels
Sind jetzt und immer Israel.
Allmächtiger Gott, laß einen Mann erstehen, der hausierend durch die Welt geht.
Laß ihn uns sammeln und uns der Welt als Andenken verkaufen.
Laß den Händler uns verkaufen. Laß ihn seine Ware ausrufen:
Wer kauft meine Andenken? Kleine Kinder als Seife,
Ein seltenes deutsches Pergament vom größten Juden in Lodz.
Die Menschen werden uns kaufen und mit Stolz auf uns zeigen:
Hier drin sind tausend Juden, und dies ist ein seltenes Stück,
Das den ganzen Weg von Krakau in einem Viehwagen kam.
Ein großer Staatsmann wird eine Kerze neben sein Bett stellen.
Sie wird brennen, aber nicht verbrennen.
Der Talg wird tropfen mit unseren Tränen.
Sie wird leuchten mit den Seelen unserer Kinder.
Sie werden uns in die Toiletten der Vereinten Nationen legen,
Wo die Diplomaten sich die Hände waschen, waschen
Mit polnischen Juden und deutschen Juden und russischen Juden.
Laß den Händler die Seife verkaufen, die einst begraben wurde
Mit Kaddisch und Psalmen von unseren Brüdern.

Irgendwann wird der Staatsmann auf die Kerze blasen
Und sie wird nicht verlöschen.
Die Seelen der Kinder werden flackern und flackern,
Aber nicht verlöschen.
Irgendwann werden die Diplomaten ihre Hände waschen
Und sie werden sie blutbefleckt finden.
Irgendwann werden die Bürger einer deutschen Stadt aufwachen,
Weil ihre Häuser stinken
Nach allen Gerüchen aus den Konzentrationslagern,
Aus der Hölle selbst, und der Gestank
Wird aufsteigen aus der Seifenschale.
Dann werden sie sich erheben, Staatsmänner, Diplomaten, Bürger.
Sie werden nach dem Händler jagen: Du, der unsere Ruhe stört
Und unsere Waschungen, der uns verfolgt mit seinen Andenken,
Der unser Gewissen quält: Tod komme über dich!
Aber der Händler wird nicht verschwinden von der Erde
Bis die Kerzen verlöschen und die Seife schmilzt.

Laßt uns beten:
Gott Israels, unser Gott und Gott aller Menschen,
hilf uns, daß wir auf solche Boten hören können.
Unser Geist ist nicht mutig genug,
unser Herz nicht demütig genug und nicht zur Umkehr bereit,
als daß wir ihre Worte beachten könnten.
Du hast zu unseren Vätern durch die Propheten gesprochen
und durch den Juden Jesus, unseren Mitmenschen,
den wir als deinen Sohn bekennen.
Hilf uns, die Stimmen zu hören, die du heute zu uns sendest.
Stärke unser Vertrauen in die Güte des Lebens,
stärke uns für die Aufgaben, die zu tun sind,
so daß keine irdische Dunkelheit uns überwinden kann. Amen.
Schalom alejchem!

Konsequenzen

Das christliche Paktieren mit der Macht trennt Juden und Christen im Grunde weit mehr als das Schisma, die Spaltung, die eigentlich nur darauf wartet, endlich fruchtbar gemacht zu werden.

Robert Raphael Geis

Th. W. Adorno

Was bedeutet: Aufarbeitung der Vergangenheit

Die Frage ›Was bedeutet: Aufarbeitung der Vergangenheit‹ muß erläutert werden. Sie geht von einer Formulierung aus, die sich während der letzten Jahre als Schlagwort höchst verdächtig gemacht hat. Mit Aufarbeitung der Vergangenheit ist in jenem Sprachgebrauch nicht gemeint, daß man das Vergangene im Ernst verarbeite, seinen Bann breche durch helles Bewußtsein. Sondern man will einen Schlußstrich darunter ziehen und womöglich es selbst aus der Erinnerung wegwischen. Der Gestus, es solle alles vergessen und vergeben sein, der demjenigen anstünde, dem Unrecht widerfuhr, wird von den Parteigängern derer praktiziert, die es begingen. In einer wissenschaftlichen Kontroverse schrieb ich einmal: im Hause des Henkers soll man nicht vom Strick reden; sonst hat man Ressentiment. Aber daß die Tendenz der unbewußten und gar nicht so unbewußten Abwehr von Schuld mit dem Gedanken der Aufarbeitung des Vergangenen so widersinnig sich verbindet, ist Anlaß genug für Überlegungen, die sich auf einen Bereich beziehen, von dem heute noch ein solches Grauen ausgeht, daß man zögert, ihn beim Namen zu nennen.

Man will von der Vergangenheit loskommen: mit Recht weil unter ihrem Schatten gar nicht sich leben läßt, und weil des Schreckens kein Ende ist, wenn immer nur wieder Schuld und Gewalt mit Schuld und Gewalt bezahlt werden soll; mit Unrecht, weil die Vergangenheit, der man entrinnen möchte, noch höchst lebendig ist. Der Nationalsozialismus lebt nach, und bis heute wissen wir nicht, ob bloß als Gespenst dessen, was so ungeheuerlich war, daß es am eigenen Tode noch nicht starb, oder ob es gar nicht erst zum Tode kam; ob die Bereitschaft zum Unsäglichen fortwest in den Menschen wie in den Verhältnissen, die sie umklammern ...

Wir alle kennen auch die Bereitschaft, heute das Geschehene zu leugnen oder zu verkleinern – so schwer es fällt zu begreifen, daß Menschen sich nicht des Arguments schämen, es seien doch höchstens nur fünf Millionen Juden und nicht sechs vergast worden. Irrational ist weiter die verbreitete Aufrechnung der Schuld, als ob Dresden Auschwitz abgegolten hätte. In der Aufstellung solcher Kalküle, der Eile, durch Gegenvorwürfe von der Selbstbesinnung sich zu dispensieren, liegt vorweg etwas Unmenschliches, und Kampfhandlungen im Krieg, deren Modell überdies Coventry und Rotterdam hieß, sind kaum vergleichbar mit der administrativen Ermordung von Millionen unschuldiger Menschen. Auch diese Unschuld, das Allereinfachste und Plausibelste, wird abgestritten. Das Unmaß des Verübten schlägt diesem noch zur Rechtfertigung an: so etwas, tröstet sich das schlaffe Bewußtsein, könne doch nicht geschehen sein, wenn die Opfer nicht irgendwelche Veranlassung gegeben hätten, und dies vage ›irgendwelche‹ mag dann nach Belieben fortwuchern. Verblendung setzt sich hinweg über das schreiende Mißverhältnis zwischen höchst fiktiver Schuld und höchst realer Strafe. Zuweilen werden die Sieger zu Urhebern dessen gemacht, was die Besiegten taten, als sie selber noch obenauf waren, und für die Untaten des Hitler sollen diejenigen verantwortlich sein, die duldeten, daß er die Macht ergriff, und nicht jene, die ihm zujubelten. Die Idiotie alles dessen ist wirklich Zeichen eines psychisch Nichtbewältigten, einer Wunde, obwohl der Gedanke an Wunden eher den Opfern gelten sollte.

Bei alldem jedoch hat die Rede vom Schuldkomplex etwas Unwahrhaftiges. In der Psychiatrie, der sie entlehnt ist und deren Assoziationen sie mitschleift, besagt sie, daß das Gefühl der Schuld krankhaft sei, der Realität unangemessen, psychogen, wie die Analytiker es nennen. Mit Hilfe des Wortes Komplex wird der Anschein erweckt, daß die Schuld, deren Gefühl so viele abwehren, abreagieren und durch Rationalisierungen der törichtesten Art verbiegen, gar keine Schuld wäre, sondern bloß in ihnen, ihrer seelischen Beschaffenheit bestünde: die furchtbar reale Vergangenheit wird verharmlost zur bloßen Einbildung jener, die sich davon betroffen fühlen. Oder sollte gar Schuld selber überhaupt nur ein Komplex, sollte es krankhaft sein, mit Vergangenem sich zu belasten, während der gesunde und realistische Mensch in der Gegenwart und ihren praktischen Zwekken aufgeht? Das zöge die Moral aus jenem »Und ist so gut, als wär' es nicht gewesen«, das von Goethe stammt, aber, an entscheidender Stelle des Faust, vom Teufel gesprochen wird, um dessen innerstes Prinzip zu enthüllen, die Zerstörung von Erinnerung. Die Ermordeten sollen noch um das einzige betrogen werden, was unsere Ohnmacht ihnen schenken kann, das Gedächtnis. Die verstockte Gesinnung derer, die nichts davon hören wollen, fände sich freilich in Übereinstimmung mit einer mächtigen historischen Tendenz. Hermann Heimpel hat mehrfach vom Schrumpfen des Bewußtseins historischer Kontinuität in Deutschland gesprochen, einem Symptom jener gesellschaftlichen Schwächung des Ichs, die Horkheimer und ich schon in der ›Dialektik der Aufklärung‹ abzuleiten versucht haben. Empirische Befunde von der Art, daß die junge Generation vielfach nicht mehr weiß, wer Bismarck und wer Kaiser Wilhelm I. waren, haben den Verdacht des Geschichtsverlusts bestätigt ...

Unter jenen objektiven Konstellationen ist die vordringlichste vielleicht die Entwicklung der internationalen Politik. Sie scheint den Überfall, welchen der Hitler auf die Sowjetunion verübte, nachträglich zu rechtfertigen. Indem die westliche Welt als Einheit sich wesentlich durch die Abwehr der russischen Drohung bestimmt, sieht es so aus, als hätten die Sieger von 1945 das bewährte Bollwerk gegen den Bolschewismus nur aus Torheit zerstört, um es wenige Jahre danach wieder aufzubauen. Von dem zur Hand liegenden ›Hitler hat es ja immer gesagt‹ führt ein rascher Weg zur Extrapolation, daß er auch mit anderem recht gehabt habe ...

Der Widerstand gegen den Osten hat in sich selbst eine Dynamik, welche das in Deutschland Vergangene erweckt. Nicht bloß ideologisch, weil die Parole vom Kampf gegen den Bolschewismus von jeher denen zur Tarnung verhalf, die es mit der Freiheit nicht besser meinen als jener. Sondern auch real. Nach einer schon während der Hitlerzeit gemachten Beobachtung zwingt die organisatorische Schlagkraft der totalitären Systeme ihren Gegnern etwas von ihrem eigenen Wesen auf. Solange das ökonomische Gefälle zwischen dem Osten und dem Westen noch andauert, hat die faschistische Spielart größere Chancen bei den Massen als die östliche Propaganda, während man andererseits freilich auch noch nicht zur faschistischen ultima ratio sich gedrängt sieht. Für beide totalitären Formen aber sind die gleichen Typen anfällig. Man beurteilte die autoritätsgebundenen Charaktere überhaupt falsch, wenn man sie von einer bestimmten politisch-ökonomischen Ideologie her konstruierte; die wohlbekannten Schwankungen der Millionen von Wählern vor 1933 zwischen der nationalsozialistischen und kommunistischen Partei sind auch sozialpsychologisch kein Zufall. Amerikanische Untersuchungen haben dargetan, daß jene Charakterstruktur gar nicht so sehr mit politisch-ökonomischen Kriterien zusammengeht. Vielmehr definieren sie Züge wie ein Denken nach den Dimensionen Macht-Ohnmacht, Starrheit und Reaktionsunfähigkeit, Konventionalismus, Konformismus, mangelnde Selbstbesinnung, schließlich überhaupt mangelnde Fähigkeit zur Erfahrung. Sie identifizieren sich mit realer Macht schlechthin, vor jedem besonderen Inhalt. Im Grunde verfügen sie nur über ein schwaches Ich und bedürfen darum als Ersatz der Identifikation mit großen Kollektiven und der Deckung durch diese . . .

Die wirtschaftliche Blüte des Dritten Reiches beruhte in weitem Maß auf der Rüstung zu dem Krieg, der die Katastrophe brachte. Aber jenes geschwächte Gedächtnis, von dem ich sprach, sträubt sich dagegen, diese Argumentationen in sich aufzunehmen. Es verklärt zäh die nationalsozialistische Phase, in der die kollektiven Machtphantasien derer sich erfüllten, die als Einzelne ohnmächtig waren und nur als eine solche Kollektivmacht überhaupt sich als etwas dünkten. Keine noch so einleuchtende Analyse kann die Realität dieser Erfüllung hinterher aus der Welt schaffen und die Triebenergien, die in sie investiert sind. Selbst das Hitlersche va banque-Spiel war nicht so irrational, wie es damals der mittleren liberalen Vernunft dünkte oder heute dem historischen Rückblick aufs Mißlingen. Hitlers Rechnung, den temporären Vorteil maßlos vorangetriebener Aufrüstung

über die anderen Staaten auszunutzen, war im Sinn dessen, was er wollte, keineswegs töricht. Wer die Geschichte des Dritten Reiches, zumal die des Krieges sich vergegenwärtigt, dem werden immer wieder die einzelnen Momente, in denen Hitler unterlag, als zufällig erscheinen und als notwendig nur der Verlauf des Ganzen, in dem eben doch das größere technisch-ökonomische Potential des Restes der Erde sich durchsetzte, die sich nicht erobern lassen wollte – gewissermaßen eine statistische Notwendigkeit, keineswegs eine erkennbare Logik Zug um Zug. Die nachlebende Sympathie mit dem Nationalsozialismus braucht nicht gar zu viel Sophistik aufzuwenden, um sich und anderen einzureden, es hätte auch immer ebensogut anders gehen können, eigentlich seien nur Fehler gemacht worden, und der Sturz Hitlers sei ein welthistorischer Zufall, den möglicherweise der Weltgeist doch noch korrigiere.
Nach der subjektiven Seite, in der Psyche der Menschen, steigerte der Nationalsozialismus den kollektiven Narzißmus, schlicht gesagt: die nationale Eitelkeit ins Ungemessene. Die narzißtischen Triebregungen der Einzelnen, denen die verhärtete Welt immer weniger Befriedigung verspricht und die doch ungemindert fortbestehen, solange die Zivilisation ihnen sonst so viel versagt, finden Ersatzbefriedigung in der Identifikation mit dem Ganzen ...
Sozialpsychologisch wäre daran die Erwartung anzuschließen, daß der beschädigte kollektive Narzißmus darauf lauert, repariert zu werden, und nach allem greift, was zunächst im Bewußtsein die Vergangenheit in Übereinstimmung mit den narzißtischen Wünschen bringt, dann aber womöglich auch noch die Realität so modelt, daß jene Schädigung ungeschehen gemacht wird. Bis zu einem gewissen Grad hat der wirtschaftliche Aufschwung, das Bewußtsein des Wie tüchtig wir sind, das geleistet. Aber ich bezweifle, ob das sogenannte Wirtschaftswunder, an dem alle zwar partizipieren, über das aber zugleich alle auch etwas hämisch reden, sozialpsychologisch wirklich so tief reicht, wie man in Zeiten relativer Stabilität denken könnte. Gerade weil der Hunger auf ganzen Kontinenten fortwährt, obwohl er technisch abgeschafft werden könnte, vermag keiner so recht am Wohlstand sich zu freuen ...
Der Wohlstand ist einer von Konjunktur, niemand traut

seiner unbegrenzten Dauer. Tröstet man sich damit, daß Ereignisse wie die des Schwarzen Freitags von 1929 und die daran anschließende Wirtschaftskrise sich kaum wiederholen könnten, so steckt darin bereits implizit das Vertrauen auf eine starke Staatsmacht, von der man sich Schutz auch dann verspricht, wenn die ökonomische und politische Freiheit nicht funktioniert. Noch inmitten der Prosperität, selbst während des temporären Mangels an Arbeitskräften fühlt insgeheim wahrscheinlich die Mehrheit der Menschen sich als potentielle Arbeitslose, Empfänger von Wohltaten und eben damit erst recht als Objekte, nicht als Subjekte der Gesellschaft: das ist der überaus legitime und vernünftige Grund ihres Mißbehagens. Daß es im gegebenen Augenblick nach rückwärts gestaut und für die Erneuerung des Unheils mißbraucht werden kann, ist offenbar ... Daß der Faschismus nachlebt; daß die vielzitierte Aufarbeitung der Vergangenheit bis heute nicht gelang und zu ihrem Zerrbild, dem leeren und kalten Vergessen, ausartete, rührt daher, daß die objektiven gesellschaftlichen Voraussetzungen fortbestehen, die den Faschismus zeitigten. Er kann nicht wesentlich aus subjektiven Dispositionen abgeleitet werden. Die ökonomische Ordnung und, nach ihrem Modell, weithin auch die ökonomische Organisation verhält nach wie vor die Majorität zur Abhängigkeit von Gegebenheiten, über die sie nichts vermag, und zur Unmündigkeit. Wenn sie leben wollen, bleibt ihnen nichts übrig, als dem Gegebenen sich anzupassen, sich zu fügen; sie müssen eben jene autonome Subjektivität durchstreichen, an welche die Idee von Demokratie appelliert, können sich selbst erhalten nur, wenn sie auf ihr Selbst verzichten. Den Verblendungszusammenhang zu durchschauen, mutet ihnen eben die schmerzliche Anstrengung der Erkenntnis zu, an welcher die Einrichtung des Lebens, nicht zuletzt die zur Totalität ausgebreitete Kulturindustrie, sie hindert. Die Notwendigkeit solcher Anpassung, die zur Identifikation mit Bestehendem, Gegebenem, mit Macht als solcher, schafft das totalitäre Potential. Es wird verstärkt von der Unzufriedenheit und der Wut, die der Zwang zur Anpassung selber produziert und reproduziert. Weil die Realität jene Autonomie, schließlich jenes mögliche Glück nicht einlöst, das der Begriff von Demokratie eigentlich verspricht, sind sie indifferent gegen diese,

wofern sie sie nicht insgeheim hassen. Die politische Organisationsform wird als der gesellschaftlichen und ökonomischen Realität unangemessen erfahren; wie man selber sich anpassen muß, so möchte man, daß auch die Formen des kollektiven Lebens sich anpassen, um so mehr, als man von solcher Anpassung das streamlining des Staatswesens als eines Riesenunternehmens im keineswegs so friedlichen Wettbewerb aller sich erwartet. Die, deren reale Ohnmacht andauert, können das Bessere nicht einmal als Schein ertragen; lieber möchten sie die Verpflichtung zu einer Autonomie loswerden, von der sie argwöhnen, daß sie ihr doch nicht nachleben können, und sich in den Schmelztiegel des Kollektiv-Ichs werfen. . . .Vor allem muß Aufklärung über das Geschehene einem Vergessen entgegenarbeiten, das nur allzu leicht mit der Rechtfertigung des Vergessenen sich zusammenfindet; etwa durch Eltern, die von ihren Kindern die peinliche Frage hören müssen, wie es denn mit dem Hitler gewesen sei, und die daraufhin, schon um sich selbst weißzuwaschen, von den guten Seiten reden und davon, daß es eigentlich gar nicht so schlimm gewesen sei. . . .
Nimmt man jedoch das objektive Potential eines Nachlebens des Nationalsozialismus so schwer, wie ich es glaube nehmen zu müssen, dann setzt das auch der aufklärenden Pädagogik ihre Grenzen. Mag sie nun soziologisch oder psychologisch sein, praktisch erreicht sie ohnehin wohl meist nur die, welche dafür offen und eben darum für den Faschismus kaum anfällig sind. Andererseits jedoch ist es keineswegs überflüssig, auch diese Gruppe gegen die nichtöffentliche Meinung durch Aufklärung zu stärken. Im Gegenteil, man könnte sich wohl vorstellen, daß sich aus ihr so etwas wie Kader bilden, deren Wirken in den verschiedensten Bereichen dann doch das Ganze erreicht, und die Chancen dafür sind um so günstiger, je bewußter sie selbst werden. Selbstverständlich wird Aufklärung bei diesen Gruppen sich nicht bescheiden. Ich will dabei von der sehr schwierigen und mit größter Verantwortung belastenden Frage absehen, wie weit es geraten sei, bei Versuchen zu öffentlicher Aufklärung aufs Vergangene einzugehen, und ob nicht gerade die Insistenz darauf trotzigen Widerstand und das Gegenteil dessen bewirke, was sie bewirken soll. Mir selbst will es eher scheinen, das Bewußte könne niemals so viel Verhängnis mit sich

führen wie das Unbewußte, das Halb- und Vorbewußte. Es kommt wohl wesentlich darauf an, in welcher Weise das Vergangene vergegenwärtigt wird; ob man beim bloßen Vorworf stehenbleibt oder dem Entsetzen standhält durch die Kraft, selbst das Unbegreifliche noch zu begreifen. Dazu bedürfte es freilich einer Erziehung der Erzieher. . . .
So wenig, allein schon des Zeitfaktors wegen, etwas wie eine Massenanalyse sich durchführen läßt, so heilsam wäre doch, fände strenge Psychoanalyse ihre institutionelle Stelle, ihr Einfluß auf das geistige Klima in Deutschland, auch wenn er bloß darin bestünde, daß es zur Selbstverständlichkeit wird, nicht nach außen zu schlagen, sondern über sich selbst und die eigene Beziehung zu denen zu reflektieren, gegen die das verstockte Bewußtsein zu wüten pflegt.

Juden und Christen

Erklärung der christlichen Teilnehmer der Leitung der Arbeitsgruppe VI des 10. Deutschen Evangelischen Kirchentages Berlin 1961

Juden und Christen sind unlösbar verbunden. Aus der Leugnung dieser Zusammengehörigkeit entstand die Judenfeindschaft in der Christenheit. Sie wurde zu einer Hauptursache der Judenverfolgung. Jesus von Nazareth wird verraten, wenn Glieder des jüdischen Volkes, in dem er zur Welt kam, als Juden mißachtet werden. Jede Form von Judenfeindschaft ist Gottlosigkeit und führt zur Selbstvernichtung. Der gegenwärtig in Jerusalem stattfindende Prozeß geht uns alle an. Wir ev. Christen in Deutschland erkennen, daß wir darin schuldhaft verwickelt sind. Im Zeichen des Umdenkens und der Umkehr bitten wir die deutsche Öffentlichkeit, für folgendes einzutreten:
1. Eltern und Erzieher sollten gegenüber der jungen Generation das Schweigen brechen, eigenes Versagen eingestehen und die Ursprünge der Verbrechen ans Licht bringen, damit wir gemeinsam lernen, unsere Gegenwart zu bestehen. In der gegenwärtigen weltpolitischen Lage bedroht das Abschieben eigenen Versagens auf andere nicht nur eine bestimmte Menschengruppe, sondern alles Leben.
2. Die Unmenschlichkeit zwangsläufiger Befehlssysteme

und die Berufung auf den sogenannten Befehlsnotstand müssen uns vor den unmenschlichen Möglichkeiten moderner Gesellschafts- und Staatsorganisationen warnen. Wir müssen bereit sein, eigene politische Verantwortung auch unter Risiko wahrzunehmen. Personen, die an der Vorbereitung und Durchführung von Verfolgungen beteiligt waren, sollten aus führenden Ämtern ausscheiden.

3. Wo Juden unter uns leben, sind wir verpflichtet, ihr Leben und Wohlergehen nach bestem Vermögen zu fördern. Auch muß von uns Deutschen alles getan werden, was dem Aufbau und dem Frieden des Staates Israel und seiner arabischen Nachbarn dient. Wir wünschen, daß Entschädigungsverfahren gegenüber ehemals »Rasseverfolgten« mit besonderer Dringlichkeit und Großzügigkeit aufgenommen bzw. beendet werden. Der materiellen Entschädigung muß aber auch eine neue Gesinnung entsprechen. In Deutschland ist die sogenannte Judenfrage heute vor allem eine Frage nach der Zukunft der Deutschen.

4. Gegenüber der falschen, in der Kirche jahrhundertelang verbreiteten Behauptung, Gott habe das Volk der Juden verworfen, besinnen wir uns neu auf das Apostelwort: »Gott hat sein Volk nicht verstoßen, das er zuvor ersehen hat« (Röm. 11,2). Eine neue Begegnung mit dem von Gott erwählten Volk wird die Einsicht bestätigen oder neu erwekken, daß Juden und Christen gemeinsam aus der Treue Gottes leben, daß sie ihn preisen und ihm im Lichte der biblischen Hoffnung überall unter den Menschen dienen.

Karl Kupisch

Nach Auschwitz · Fragen an die Weltchristenheit

1. Gott regiert, indem er erwählt. Seine Erwählungen sind unwiderruflich.

Gott *erhält* seine Schöpfung und geht ihr zur Seite, d. h. sie steht insgesamt unter seinem Gnadenwillen, sie ist nirgends sich selbst überlassen. Ein besonderer Aspekt dieser väterlichen Zukehr ist das göttliche *Regieren.* Gott ist »Herr der Geschichte«. Aber sein Regiment wird nicht an Vorgängen der empirischen Geschichte erkannt, sondern allein in seinem in der Schrift bezeugten erwählenden Tun. Gottes Wort ist der Garant der göttlichen Erwählung. In der Erwählung bekundet sich Gottes Freiheit. Sie zeigt sich in seiner erhaltenden Güte und Barmherzigkeit, die sich nicht nach der Vortrefflichkeit der Erwählten richten, sondern sich denen zuwenden, die von sich aus keinen Anspruch auf ein solches Handeln Gottes geltend machen können. »Das Törichte der Welt hat Gott auserwählt, damit er die Weisen zuschanden mache; und das Schwache der Welt hat Gott auserwählt, damit er das Starke zuschanden mache; und das Unedle und Verachtete hat Gott auserwählt, das, was nicht ist (sc. das Nicht-Seiende), damit er das, was etwas ist, zunichte mache« (1. Kor. 1, 27 ff.). Weil das so ist, ist auch Gottes Erwählung unwiderruflich. Das Verhalten der Erwählten hebt Gottes Bündnis nicht auf.

2. Israel ist das erwählte Volk Gottes. Dieser unaufhebbare Bund hat seine Vollendung gefunden in der Offenbarung Gottes in dem Erwählten, der dem Fleische nach zu diesem Volke gehört.

Israels Erwählung ist ein Gnadenbund. Er besitzt seine Grundlagen nicht in einem besonderen Verhalten des Volkes, sondern allein in dem freien Willen Gottes. In diesem Sinne sagt Gott zu Moses: »Du bist ein dem Herrn, Deinem Gott, geheiligtes Volk; *der Herr,* dein Gott, hat dich aus allen Völkern, die auf der Erde sind, sich zum Volk des Eigentums erwählt. Nicht darum hat der Herr Lust an euch gehabt und euch erwählt, weil ihr zahlreicher waret als alle Völker – denn ihr seid das geringste unter allen Völkern –, *sondern um seiner Liebe willen zu euch* und um den Eid zu halten, den er euren Vätern geschworen hat« (5. Mose 7, 6–8). – Die Sonderstellung Israels lag allein in seiner heilsgeschichtlichen Berufung. In seiner Mitte sollte die Geschichte der göttlichen Offenbarung zum Ziele kommen. So spannt sich von der Erwählung Israels ein Bogen zu dem verheißenen Messias, *dem Erwählten.* In der Offenbarung dieses Erwählten hat die Erwählung Israels ihre Bestätigung gefunden.

3. Die Verwerfung des Erwählten hat die Erwählung Israels nicht ungültig gemacht. Die Kirche Jesu Christi ist daher nicht an die Stelle Israels getreten. Ihre Erwählung aus dem Ungehorsam hat ihren Grund allein in dem Erwählten, der für die Ungehorsamen starb.

Es war einer der großen und nachhaltigsten Irrtümer der

Christenheit zu behaupten, Israel habe durch die Ablehnung und Verstoßung Jesu Christi seine Erwählung verwirkt, es stehe unter dem Fluch Gottes und sei seit der Zerstörung Jerusalems im Jahre 70 n. Chr. auch kein Volk mehr. Alle Leiden und Verfolgungen, die es seitdem in der Zerstreuung erfahre, seien Geschichtsauswirkungen des zürnenden Gottes. Israels Erwählung sei auf die christliche Kirche übergegangen, die gläubige Heidenwelt sei »das wahre Israel«. In dieser Auffassung, der die Schrift entgegensteht, liegt u. a. die Wurzel des latenten christlichen Antisemitismus. Gott hat sein Volk nicht verstoßen! (Röm. 11, 2). Israel hat auch in der Zerstreuung nicht aufgehört, als Volk zu existieren. Sein Volksein beruht allein auf Gottes Erwählung, nicht auf geschichtlichen Schicksalen. Auch die Zerstörung Jerusalems, mit der so viele theologische Darstellungen der Geschichte Israels abbrechen, war kein Wendepunkt in der Berufung Israels zum Volke Gottes. Die Leiden Israels unter den christlichen Völkern, die im Kern sich gegen seine Erwählung richten, sind zeichenhafte Sprache für die Leiden des erwählten und den Menschen ausgelieferten Knechtes Gottes. In den Leiden Israels wird der Ungehorsam der Menschen gerichtet, für die der Erwählte starb. Gerade darin wird für den Glauben deutlich, daß Jesus der Messias, der König Israels, ist. Aber wie der Ungehorsam Israels Gottes Ja zu seinem Volk nicht durchzustreichen vermag, so triumphiert der ans Kreuz geschlagene Erwählte im Ostergeschehen über den Ungehorsam von Juden und Heiden. Die Kirche kann sich für ihre Existenz nicht auf ein eigenes Erwählungsbewußtsein berufen, sondern allein auf den Erwählten.

4. Die »Verstockung« Israels ist ein eschatologisches Geheimnis. Die Kirche kann und darf diesem, ihren Weg ständig begleitenden und kreuzenden Geheimnis nicht ausweichen. Es ist eine ständige Frage nach ihrem Glauben.

Der erste Satz dieser These will sagen, daß jeder Versuch, Israel mit dem Vorwurf einer Schuld, die es zu sühnen habe, zu belasten, Ausdruck eigenen Ungehorsams ist. Die Kirche verleugnet die Menschheit Christi, wenn sie ihren »Gehorsam« dem Ungehorsam Israels entgegensetzt. Sie erweist sich als blind, wenn sie nicht erkennen will, daß Israels Ungehorsam, sein Nein zu Jesus als dem Messias, und der

Eingang des Evangeliums in die Völkerwelt zusammengehören. Die vom Evangelium erreichten Ungehorsamen können die aus Israel Ungehorsamen nicht anklagen. Im Gegenteil: vom Evangelium selber her muß es zu einer »vorbehaltlosen Solidarität der Gehorsamen mit den Ungehorsamen« kommen (Barth). Die Kirche braucht das ständige Dasein Israels. Sie darf, um ihres eigenen Glaubens willen, Israel nicht aus den Augen verlieren. Es ist Gottes Wille, daß Juden und Christen miteinander leben und ihre Zusammengehörigkeit nicht verleugnen.

5. Wenn das Bekenntnis der Kirche zu Jesus Christus gewiß auch dem Juden nicht vorenthalten werden soll, so kann Israel doch niemals Missionsobjekt der Kirche sein. Vielmehr muß die Kirche bereit sein, auch Israels Zeugnis als das der Erwählten in der Zerstreuung zu vernehmen.

Christen und Juden stehen unter dem einen Bogen der Gnade Gottes, oder konturierter ausgedrückt: beide stehen unter dem Kreuz des Erwählten. Aber während die einen *die Sprache* dieses Kreuzes als Zuspruch ihrer Errettung vernehmen, ist sie den anderen Ärgernis. Dies nicht aus individueller Bosheit, sondern aus dem »Gehorsam« der Erwählten. Dieser »gehorsame Ungehorsam« hat die Barmherzigkeit Gottes jedoch erst überströmend gemacht. Die Kirche darf nie vergessen, daß aus dem Bereich dieser Ungehorsamen das Ärgernis des Kreuzes als die Gnade Gottes für alle Menschen interpretiert wurde. Jede Predigt der Kirche bis in unsere Tage hat zur Voraussetzung dieses Urzeugnis aus Israel. Dazu gehört aber auch der ganze Hintergrund des Alten Testaments, das Juden und Christen gemeinsam als Wort Gottes besitzen. Die dankbare Antwort der Kirche auf dieses *zeichenhafte* Geschehen nach Ostern und Pfingsten kann Israel gegenüber nur darin bestehen, daß in der Existenz des Christseins der Jude *eifersüchtig* werde (Röm. 11, 11; 14) und in dem Ärgernis des Kreuzes die Barmherzigkeit Gottes erkenne. Das ist etwas anderes als Juden*mission,* die unter dieser Sicht fraglos *nicht* zur Aufgabe der Kirche gehört. Wie könnte auch Mission die Art sein, wie Christen und Juden einander in der Solidarität des Glaubens an den einen Gott begegnen, wenn die Kirche als ein wilder Ölbaum dem wahren Ölbaum, von dem einige Zweige ausgebrochen sind, eingepfropft ist und der Fettigkeit des Ölbaums teilhaftig wird? Wiederum wird jenes paulinische »Reizen« darin bestehen, daß die Kirche bereit ist, auch auf das Zeugnis Israels zu hören, indem sie dessen Existenz als die Erwählten *in der Zerstreuung* als Erinnerung an ihre eigene Diaspora-Existenz versteht und praktiziert. Die Eroberung des Alten Testaments als kirchliches Beutegut verleugnet das, was in dem Bilde vom Ölbaum ausgesprochen ist, vielmehr sollen Juden und Christen gemeinsam die Geschichte der Erwählung und ihrer Verheißung zum Lobe Gottes verstehen. Deshalb müssen Kirche und Synagoge einander ansichtig bleiben.

6. Christen und Juden leben auf Hoffnung. Sie gehen einem gemeinsamen Ziel zu, der Offenbarung des *einen* Gottesvolkes. Als solches kann zwischen ihnen schon in dieser Weltzeit nur eine Solidarität bestehen, in der die Hoffnung ihre präsente Kraft jeweils ankündigt.

Die Hoffnung des *einen* Gottesvolkes hat eine zukünftige und eine gegenwärtige Gestalt. Die gegenwärtige Gestalt findet ihren Ausdruck darin, daß Christen und Juden ihre Solidarität im Sinne der These 5 praktizieren. Darüber hinaus ergeben sich aus der Gründung des Staates Israel für die Kirche neue Aufgaben. Denn indem Israel durch die Schuld der Kirche seine Aufgabe, das erwählte Volk *in der Zerstreuung* zu sein, aufgibt und seßhaft wird, wie es die nationalen Kirchen in ihrer Geschichte geworden sind, trotz des Zeugnisses Israels, muß die Aufgabe, Volk Gottes *in der Zerstreuung* zu sein, jetzt von den Kirchen wahrgenommen werden. Sie haben also ihr Seßhaftsein im weitesten Sinne abzubauen und sich über alle nationalen und völkischen Schranken hinweg als das Volk des Exodus, des Aufbruchs, zu verstehen. In dem Maß, in dem das geschieht, erfolgt »der Eingang der Fülle der Heiden«, wird »die Decke Mosis« von Israel weggenommen und »also ganz Israel gerettet werden«. Praktisch gesehen: die Kirchen können und müssen alles tun, um den Staat Israel zu fördern und zu stützen. Israels Hoffnung korrespondiert mit der Freiheit der Kirche, Israels jahrtausendalte Existenz zu übernehmen. Die Kirche legt durch eigene Verstockung Israel gegenüber ihre Hoffnung in Fesseln. Es ist aber der Wille Gottes, daß *alle* – sowohl die aus der erwählten Barmherzigkeit in den Ungehorsam Gegangenen wie die aus dem natürlichen Ungehorsam von der

Barmherzigkeit des Erwählten Ereilten – auf dem Boden der einen, für alle geltenden Gnade sich erkennen.

Jürgen Moltmann

Einen erschütternden Ausdruck für die theologia crucis, die in der rabbinischen Theologie der Selbsterniedrigung Gottes angelegt ist, gibt E. Wiesel, ein Überlebender von Auschwitz, in seinem Buch »Night«:

»Die SS erhängte zwei jüdische Männer und einen Jungen vor der versammelten Lagermannschaft. Die Männer starben rasch, der Todeskampf des Jungen dauerte eine halbe Stunde. ›Wo ist Gott? Wo ist er?‹ fragte einer hinter mir. Als nach langer Zeit der Junge sich immer noch am Strick quälte, hörte ich den Mann wieder rufen: ›Wo ist Gott jetzt?‹ Und ich hörte eine Stimme in mir antworten: ›Wo ist Er? Hier ist Er ... Er hängt dort am Galgen ...‹«

Jede andere Antwort wäre Blasphemie. Es wird auch keine andere christliche Antwort auf die Frage dieser Qual geben. Hier von einem leidensunfähigen Gott zu sprechen, würde Gott zum Dämon machen. Hier von einem absoluten Gott zu sprechen, würde Gott zum vernichtenden Nichts machen. Hier von einem indifferenten Gott zu sprechen, würde Menschen zur Gleichgültigkeit verurteilen.
Die theologische Reflexion aber muß die Konsequenz aus solchen Erfahrungen des Leidens Gottes im menschlich unbeantwortbaren Leid ziehen. Die rabbinische Rede von der Selbsterniedrigung Gottes drängt auf die Unterscheidung in Gott zwischen Gott selbst und seiner »Einwohnung« (Schekhinah), zwischen Gott und dem einwohnenden Geist Gottes. Das Judentum der rabbinischen Epoche hat den Gedanken einer solchen Zwei-Personalität in Gott entwickelt, um die Erfahrung des Mitleidens Gottes mit Israel ausdrücken zu können und um im Leiden jene »Religion der Sympathie«, die Offenheit für Gott gegen die Verfluchung Gottes (Hiob 2,9), gegen die Erstarrung des Herzens und gegen die Preisgabe der Hoffnung zu bewahren. Das innere theologische Problem aber entsteht, wenn man sich fragt, woran der mit dem gefangenen, verfolgten und ermordeten Israel leidende Gott leidet. Leidet er nur an menschlichem Unrecht und menschlicher Bosheit? Leidet die *Schekinah*, die mit Israel durch den Staub der Straßen wandert und in

Auschwitz am Galgen hängt, an dem Gott selbst, der die Enden der Erde in seiner Hand hat? Dann würde das Leiden Gottes Pathos nicht nur von außen treffen, so daß man sagen könnte, Gott selbst leidet an der menschlichen Geschichte von Unrecht und Gewalt, sondern das Leiden wäre wie die Geschichte mitten in Gott selbst. Es geht hier nicht darum, Paradoxien aufzustellen, sondern zu fragen, ob nicht die Erfahrungen der Leidenschaft und des Leidens Gottes in das innere Geheimnis Gottes selbst hineinführen, in dem Gott sich selbst gegenübersteht.

Er muß sich an die Märtyrer erinnern, um nicht abstrakt zu werden. Von ihnen und von den stummen Opfern gilt im real übertragenen Sinne, daß Gott selbst am Galgen hing, wie E. Wiesel sagen konnte. Nimmt man das ernst, dann muß auch gesagt werden, daß, wie das Kreuz Christi, auch Auschwitz in Gott selbst ist, nämlich hineingenommen in den Schmerz des Vaters, in die Hingabe des Sohnes und in die Kraft des Geistes. Das bedeutet niemals eine Rechtfertigung von Auschwitz und ähnlich grauenhaften Orten, denn das Kreuz ist ja der Anfang der trinitarischen Geschichte Gottes. Erst mit der Auferweckung der Toten, der Ermordeten und Vergasten, erst mit der Heilung der Verzweifelten und lebenslänglichen Verwundeten, erst mit der Abschaffung aller Herrschaft und Gewalt, erst mit der Vernichtung des Todes wird der Sohn das Reich dem Vater übergeben, wie Paulus 1. Kor. 15 sagt. Dann wird Gott seinen Schmerz in ewige Freude verwandeln. Damit ist die Vollendung der trinitarischen Geschichte Gottes und das Ende der Weltgeschichte, die Überwindung der Leidens- und die Erfüllung der Hoffnungsgeschichte der Menschheit angezeigt. Gott in Auschwitz und Auschwitz in dem gekreuzigten Gott – das ist der Grund für eine reale, sowohl weltumspannende wie weltüberwindende Hoffnung und der Grund für eine Liebe, die stärker ist als der Tod und das Tote festhalten kann. Er ist der Grund dafür, mit den Schrecken der Geschichte und des Endes der Geschichte zu leben und dennoch in der Liebe zu bleiben und dem Kommenden offen für die Zukunft Gottes entgegenzusehen. Er ist der Grund dafür, mitschuldig und mitleidend für die Zukunft des Menschen in Gott zu leben.

Was ist zu tun? Die Frage kann weder ich allein noch können wir Christen sie allein beantworten. Juden warten, daß wir vor dem Spiegel, wie ihn uns z. B. heute abend dieser Berliner Kirchenvater vorhält (Adolf Stoecker – d. Hg.), einige Kleider wechseln; manche warten sogar darauf, uns dabei zu helfen. Einiges ist schon geschehen. Wenn ich subjektiv – und ohne breitere Belastung bisher – aufzählen soll, was nach Auschwitz unsererseits fällig ist, sähe meine Liste zur Zeit etwa so aus – ohne mich darüber täuschen zu wollen, welch schwerer Weg mit wie vielen Sackgassen da vor uns liegt.

1. Nach den zahlreichen freien Versuchen mit dem christlich-jüdischen Dialog unter dem Beistand jüdischer Freunde, die uns besuchen, und nach der unverbindlichen Studie von 1975 ist es hohe Zeit, zu verbindlicheren Erklärungen von Synoden und Leitungsgremien zu kommen. Ich bin sicher, daß dann erst herauskommen wird, wieweit wir Stoecker überwunden haben oder noch bei ihm stehen. Erklärungen für den Staat Israel sind jetzt von Synoden relativ leicht zu haben, verdächtig leicht. Verbindlichere Erklärungen müßten die Bereitschaft zeigen, das Zentrum unserer christlichen Identität und die Elemente des theologischen Antijudaismus in ihr aufzuarbeiten. Wie Peter von der Osten-Sacken auf einer Akademietagung kürzlich gesagt hat: »Der Totalitätsanspruch des Evangeliums von Jesus Christus (ist) theologisch zu kritisieren, der diesem durch Menschenmund und Menschenhand ergehenden Evangelium totalitäre, verhängnisvoll destruktive Züge verleiht . . . Jener notwendigen theologischen Kritik am Totalitätsanspruch des Evangeliums ist damit der Entwurf einer Christologie aufgegeben, die nicht zur generellen Definition des jüdischen Volkes als Feinde im Verhältnis zu Gott und zur christlichen Gemeinde führt.«

Wird, wenn wir an diese Aufgabe gehen, die Identitätsangst aufstehen, nach dem alten Bekenntnis rufen, nach den Kirchenordnungen und nach »keinem anderen Evangelium« und sich so evtl. jeder Veränderung verweigern? Eine Berufung auf Stuttgart 1945 und auf Weißensee 1951 ist jetzt ganz ungenügend und zeigt nur, daß wir noch nicht angefangen haben, wirklich auf den Holocaust und auf mit uns lebende Juden zu hören. Sollte man, wenn es darum geht, die Sache dann lieber auf sich beruhen lassen? Irving Greenberg, der New Yorker rabbinische Gelehrte, sagt: »Im Licht des Holocaust stirbt das klassische Christentum, um zu neuem Leben wiedergeboren zu werden; andernfalls wird es ungerührt fortleben, aber nur um vor Gott und vor den Menschen zu sterben.« Damit ergeben sich vielfältige Aufgaben.

2. Wir sollten gemeinsam mit jüdischen Sachverständigen beginnen, unsere neutestamentlichen Quellen neu zu lesen. Hier und da geschieht es schon, das Kirchentagsforum übt es. Die Erfahrung ist erstaunlich. Die Prägungsgewalt der griechisch-philosophischen Einflüsse im Sinn von Wesenssuche und -antworten (Dogmatik) tritt zurück. Der jüdische Kontext in Weg-Weisheit und in Leben-erzählen schließt ungeahnte Reichtümer auf.

3. Wir hätten die frühen Kirchenväter neu zu studieren. Bei ihnen wäre es besser zu verstehen, was damals wie heute passiert: daß die Selbstdefinition der Christen im Status verfolgter Minderheit einfach festgehalten und wiederholt wurde, als man in den Status des überlegenen Siegers wechselte und meinte, die Definition sei dann noch dieselbe – selbst dann, wenn sie nun als sozial, rechtlich und moralisch exekutierte Herrschaft realisiert wurde. Der Vorgang, hier mit aller theologischen und kerygmatischen (s. Chrysostomos' Predigten) Verve ausgestattet , gilt ja immer wieder, wo z. B. heute Apartheid der Herrschenden (der Weißen) einfach gleichgesetzt wird mit der der Diskriminierten (der Schwarzen)!

4. Es wäre daranzugehen, unsere Credos, Kirchenordnungen und liturgischen Texte auf theologische Anti-Judaismen hin durchzusehen, die nicht mehr stehen bleiben können wie bisher, und auch hier jüdische Freunde zu bitten, uns gegen Betriebsblindheit zu helfen. Vielleicht haben wir auf evangelischer Seite bisher unterschätzt, was damit geschah, daß der Vatikan Karfreitagstexte offiziell geändert hat. Bei uns geschieht mancherlei Gutes, aber auch Ungesteuertes auf dem Unterrichtsfeld und in individuellen Gottesdienstversuchen. Aber wo ist man darangegangen, die Sache auch kirchenordnungsgemäß anzufassen?

5. Wenn wir derartiges begonnen haben, dann mag auch die Zeit wieder reif werden, den brennendsten Punkt im christlich-jüdischen Dialog über die Jahrtausende hin neu anzugehen, ohne wiederum in theologisch ungerechtfertigte kirchliche Imperialismen zu verfallen: die Debatte um das messianische Ereignis, das die Christen mit einem »jetzt schon« und die Juden mit einem »noch nicht« zu beantworten pflegen. Vielleicht, daß die Debatte nach dem »Holocaust« andere Töne und nicht mehr die alte Form der imperialen Substitutionstheorie annimmt. Schon deshalb, weil wir jetzt besser als Stoecker wissen können: es ist schlechte Theologie, wenn man um das »schon jetzt« und das »noch nicht« streitet mit dem Anspruch, daß die Vertreter des »schon jetzt« tatsächlich auf der Seite der messianischen Taten stünden und gestanden hätten. In Wahrheit haben wir uns ja auch immer mit einer halben Lehre des »noch nicht« helfen müssen, nämlich mit der von der zweiten Wiederkunft Christi.
Wir haben unterscheiden gelernt zwischen Stoecker und Auschwitz, d. h. zwischen christlichem und antichristlichem Antisemitismus, zwischen religiöser und politischer Judenfeindschaft. Aber wehe, wenn unser Gewinn an Differenzierung die Wahrnehmung ihrer tiefliegenden, unheimlichen Nähe zueinander schwächt, das heißt: die Wahrnehmung des Tatbestandes, daß beide sich jeweils haben totalitär und mit tödlichen Folgen verwirklichen können.
Kann es nach Auschwitz eigentlich noch theologisches und christliches Reflektieren geben, ohne die tatsächliche oder wenigstens die in unserem »judenreinen« Milieu immer mitzudenkender Präsenz der Juden? Das bedeutet aber zur Zeit die Anerkenntnis einer tiefsitzenden Gebrochenheit unseres Glaubensgebäudes. Und die darf um des christlichen Glaubens willen die Kirche nicht wegleugnen. Ich höre eine tröstende jüdische Stimme: »Rabbi Nachman aus Bratzlav sagte einmal: Kein Herz ist so ganz wie ein gebrochenes Herz. Nach Auschwitz gibt es keinen Glauben, der so ganz wäre wie der Glaube, der zertrümmert und um(neu)geschmolzen ist in den Öfen.«

SUCHE NACH NEUEN WEGEN

Befreie, die zum Tode geschleppt
werden, und die zur Schlachtbank
wanken, rette sie doch!
Wolltest du sagen: Wir wüßten das
nicht –
wird er, der die Herzen prüft, dich
nicht durchschauen?
Er, der auf deine Seele achtet,
er weiß es . . .

Sprüche Salomos 24, 11 u. 12

Martin Stöhr, Erinnern, nicht vergessen

I. Auschwitz ist in Deutschland das Stichwort geworden, mit dem Vorgeschichte, Geschichte und Folgen der brandmarkenden Verachtung, Isolierung und Ermordung der Juden benannt wurden. Elie Wiesel, der als 15-jähriger Junge aus Auschwitz befreit wurde, führte vor allem in die angelsächsische Diskussion den Ausdruck »Holocaust« ein[1]. Es ist ein biblisches Wort, aus der griechischen Übersetzung der Hebräischen Bibel, der Septuaginta, stammend, und heißt Ganz- und Brandopfer, völlige Verbrennung. Im Dritten Mose-Buch (1, 3) wird es, wie an anderen Stellen, erwähnt. Der biblische Text gibt allerdings keine Erklärung, schon gar nicht eine Rechtfertigung des Geschehenen.
Er spricht – wie das hebräische Gedenkwort für den in allen jüdischen (und in einigen christlichen) Gemeinden jährlich begangenen Gedenktag jom ha'shoah – von der völligen Auslöschung und verweist zugleich auf eine biblische Dimension des Geschehens. In der Erinnerung stellt sich mit letztem Ernst die Theodizee-Frage: Warum? Wozu? Die Glaubwürdigkeit des Menschen und seines gerechten und barmherzigen Schöpfers ist zutiefst in Frage gestellt. Wissenschaft und Glaube, Politik und Kultur sind beteiligt, betroffen und befragt.
Die im Rauch Vergangenen, die »Luftmenschen« (Paul Celan), sind den vollblütigen Zeitgenossen und ihren Nachfahren gegenüber nicht stumm:

In der Luft, da bleibt deine Wurzel, da
in der Luft.
Groß geht der Verbannte dort oben, der
Verbrannte: ein Pommer, zuhause
im Maikäferlied, das mütterlich blieb, sommerlich, hell-
blütig am Rand
aller schroffen,
winterhart – kalten
Silben[2].

Wo und wie bog sich ihr Lebensweg zum Todesweg? Wer baute ihn um? Wenn vielleicht vorher das Menetekel an der Wand nicht zu lesen oder zu deuten war, wird genug Phantasie darauf verwandt, unter den Spruchbändern, Fahnen und Slogans am Himmel wie auf Erden heute die Todverlassenheit von Menschen, an die Stirn des Himmels geschrieben, zu erkennen und zu entziffern?

Wie weit dein Weg von der Segnung
den Äon der Tränen entlang
bis zu der Wegbiegung
da du in Asche gefallen,
dein Feind mit dem Rauch
deines verbrannten Leibes
deine Todverlassenheit
an die Stirn des Himmels schrieb[3]!

Albrecht Goes hat im Titel seiner Novelle das deutsche Wort für »Holocaust« benutzt: Das Brandopfer. Holocaust ist ein Stück Heimatgeschichte, ein Teil unserer Heimatkunde; Holocaust spielt in einer Kleinstadt, in einer Metzgerei, unter ihren Kunden, in einer Familie, im Alltag.

»Geschehenes beschwören: Aber zu welchem Ende? Nicht, damit der Haß dauere. Nur ein Zeichen gilt es aufzurichten im Gehorsam gegen das Zeichen des Ewigen, das lautet: Bis hierher und nicht weiter. Ein Gedenkzeichen, geschrieben – wohin und für wen? Ach, in die Luft schreibt, wer ihrer gedenkt, ihrer, deren irdisches Teil vergangen ist, Staub und Asche in Erde und Wind. Man hat vergessen. Und es muß ja auch vergessen werden, denn wie könnte leben, wer nicht vergessen kann? Aber zuweilen muß einer da sein, der gedenkt. Denn hier ist mehr als Asche im Wind. Eine Flamme ist da. Die Welt würde erfrieren, wenn diese Flamme nicht wäre.«[4]

Bruno Bettelheim[5] will auch nicht die Sprache der Mörder benutzen und von »Endlösung« oder »Vernichtung« sprechen. Es sind Begriffe, die direkt oder im Tiervergleich von

Ratten, Trichinen und vom Ausrotten sprachen, eine Sprache, die nicht erst der nazistische Propagandafilm »Jud Süß«, sondern auch schon der Kirchenvater Chrysostomus im 4. Jahrhundert und der Wissenschaftler Eugen Dühring im 19. Jahrhundert benutzten. Im Wannseeprotokoll aller am Mordplan beteiligten Reichsbehörden wird in der kalten Sprache der Macht- und Menschenverwaltung am 20. 1. 1942 festgehalten: »Unter entsprechender Leitung sollen im Zuge der Endlösung die Juden in geeigneter Weise im Osten zum Arbeitseinsatz kommen . . ., wobei zweifellos ein Großteil durch natürliche Verminderung ausfallen wird. Der allfällig verbleibende Restbestand wird, da es sich bei diesem um den widerstandsfähigsten Teil handelt, entsprechend behandelt werden müssen . . . Im Zuge der praktischen Durchführung der Endlösung wird Europa von Westen nach Osten durchgekämmt.«[6] Das Ziel des Wannseeprotokolls war nicht nur durch den Stempel »Geheime Reichssache« gegenüber einem öffentlichen Sturm der Entrüstung und vor Widerspruch geschützt, sondern auch durch den geheimen Grundkonsens zwischen Exekutoren und Zuschauern der Judenfeindschaft.

Hitler hatte auf diese Grundübereinstimmung hingewiesen, als er in »Mein Kampf« schrieb: »Indem ich mich des Juden erwehre, kämpfe ich für das Werk des Herrn«. Am 30. Januar 1939 erklärte er in einer Reichstagsrede, die der Rundfunk in jeden Haushalt übertrug: »Wenn es dem internationalen Finanzjudentum in- und außerhalb Europas gelingen sollte, die Völker noch einmal in einen Weltkrieg zu stürzen, dann wird das Ergebnis nicht die Bolschewisierung der Erde und damit der Sieg des Judentums sein, sondern die Vernichtung der jüdischen Rasse in Europa.«[7]

Bruno Bettelheim schlägt als genauen Begriff für das, was geschah, das Wort »Massenmord« vor. Das Kunstwort »Genocid« will er auch vermeiden. Es verkleidet – wie das Wort Antisemitismus – zu vornehm, was zu ordinär war und ist, um mit einem wissenschaftlichen oder biblischen Ausdruck verschleiert zu werden.

II. Wer die in diesem Buch abgedruckten Stimmen nachdenklich liest, wird mit Erschrecken die Schwäche der Solidarität derer, die nicht vom Mord bedroht waren, und die

Schwäche des Widerstandes derer feststellen, die zum Tode kommandiert wurden, weil sie Juden waren. Die Ohnmacht der ermordeten Minderheit hängt unmittelbar mit der verweigerten Solidarität der Mehrheit zusammen. »Endlösungen« wurden viel früher gedacht und gewünscht als getan – oft in Gestalt von Erlösungen.

Die Stricke des Todes, die den Juden um den Hals gelegt wurden, sind aus vielen feinen – in jedem Wortsinn – Fäden der Geistes- und Kirchengeschichte, der wirtschaftlichen und politischen Traditionen gesponnen. Dies festzustellen und zu belegen, erlaubt nicht, aus Auschwitz nur ein klassisches Lehrstück zu machen, an dem die negativen Folgen von Vorurteilen und die Abscheulichkeit eines exzessiven Nationalismus oder Rassismus abzulesen sind, ein Beispiel, das zur Illustration der »Erbsünde« dient oder das die Vernachlässigung sozialer Verantwortung in Wissenschaft, Wirtschaft und Kirche belegt. Die Würde der Opfer verlangt, präziser nachzufragen, was geschah, welche Faktoren das Geschehen förderten oder ermöglichten und welche tödlichen Fäden – die als einzelne »harmlos« sein mögen – sich als Verhaltensmuster und Ideen des Alltags noch heute oder schon wieder zeigen.

Um der Physik und der Kirche, um der Politik und der Wirtschaft willen, um der Klarheit ihrer Methoden, ihrer Voraussetzung und ihrer (reflektierten oder unreflektierten) Auswirkungen willen ist es notwendig, sich der Vorgeschichte des Holocaust zu stellen. Die Opfer der nationalsozialistischen Macht, der so viele honorige Einrichtungen und Traditionen, darunter Vertreter aller Fakultäten, bewußt oder unbewußt zuarbeiteten, haben über ihren Tod hinaus ein Recht darauf, in ihrer Würde nicht noch einmal dadurch erniedrigt zu werden, daß sie zu Demonstrationsobjekten für pädagogische oder ethische Anschaulichkeit werden. So banal oder geistvoll, so alltäglich oder geistlich die Wege zum Massenmord auch waren, die Auseinandersetzung mit unserer Geschichte, wie sie war, ist auch eine Auseinandersetzung mit unserer Geschichte, wie sie weitergehen soll. Das Mitbestimmungsrecht ist den Opfern nicht zu nehmen.

Die genannte Grundübereinstimmung zwischen denen, die nicht billigten, wußten oder wissen wollten, was die Nazis taten, und den Vollstreckern, Mitarbeitern und Mitläufern führte zu fließenden Übergängen zwischen allen Gruppen der Bevölkerung. Jeder Gruppe blieb gegenüber einer jeweils anderen dadurch eine Entschuldigung, daß man sich von der anderen Gruppe distanzierte. Immer gab es noch Schlimmere, von denen sich abzusetzen das Gefühl der Selbstentlastung verschaffte. Der Prozeß setzte sich fort bis in die Reihen der Opfer. Deutsche Juden konnten sich Ostjuden gegenüber abgrenzen, ja anfangs ihnen die Schuld am nazistischen Judenhaß aufbürden.

Diesen fließenden Übergängen zwischen Tätern, Zuschauern, Mitläufern und Opfern lag im nationalsozialistischen System die klar kalkulierte Absicht zugrunde, die Verantwortung, den Mord vorzubereiten und durchzuführen, auch den Opfern aufzuladen. Judenräte in den Städten und Ghettos, Kapos und Privilegierte in den Todeslagern wurden in die Aufgaben der Auswahl, Kontrolle und Unterdrückung mit einbezogen. Den Vertretern der Herrenmenschen blieb das Gefühl, »dabei anständig geblieben zu sein« (H. Himmler), die Bestätigung ihrer These vom Ende einer Moral der Menschlichkeit und der Beleg von der Verworfenheit derer, die man zerbrach und erniedrigte. Das Gift der eigenen Korruption injizierte man den schwächsten Opfern, um sie zum Beweis für das zu pressen, was man behauptete. Das ethische Dilemma ist am Beispiel der Judenräte anschaulich geworden: Selbstverwaltungsorgane zum Tod – und zum Überleben[8]. Wer Deportationslisten zusammenstellen mußte, konnte auf Zeit über Leben und Tod entscheiden. Für wen entschied man sich?

Innerhalb der Bevölkerungsmehrheit stellte sich das ethische Dilemma als Unsicherheit und Angst dar, die mehr Zeit und Phantasie auf der Suche nach Gründen bewegte, daß die Stunde des Bekennens, des Entscheidens, des Helfens oder des Widerstandes noch nicht gekommen sei, als auf die Suche nach Bundesgenossen und Möglichkeiten, um eine tapfere und hilfreiche Tat zu tun. Ein Kind fragt in dem verfilmten »Holocaust«-Roman, der historisch exakt gearbeitet ist: »Warum glaubt ihr nicht, daß Hitler tut, was er sagt?«[9] Auch die unmittelbar Bedrohten wollten vielfach nicht glauben, was auf sie zukam oder ihnen schon angetan wurde. Zivilcourage und Sensibilität für Menschen bedro-

hende Entwicklungen als Lernziele fehlten (und fehlen) in den Lehrplänen der Schulen, den Übungen der Hochschulen, der Verkündigung der Kirche und den Schulungen der Wirtschaft. Die Ethik bezog ihre Werte aus den Sekundärtugenden Arbeit, Gehorsam, Pünktlichkeit, Effizienz, Sauberkeit. Parolen dieser Art schrieb man über die Köpfe der Häftlinge, auf die Dächer der Todesbaracken zwischen den Gaskammern und den Fabriken der IG-Farben[10]. Ihnen stehen sie tödlich zu Diensten, wenn sie nicht von den primären biblischen und menschlichen Grundprozessen Gerechtigkeit, Liebe und Befreiung qualifiziert werden.
Die Wirklichkeit zerfällt dann in autonome Bereiche des Berufes, des Feierabends, in sauber voneinander getrennte Rollen des Fachmannes, des Familienvaters, des Staatsbürgers, des Nachbarn. Dem Zerfall der Wirklichkeit entspricht der Zerfall der Verantwortung. Mozart zu lieben und Menschen zu vergasen, in die Kirche zu gehen und den jüdischen Nachbarn nicht mehr zu kennen, Eigentum und Betriebe von Juden zu übernehmen (zu »arisieren«) und die Produktion zu erhöhen, die eigenen Kinder zu lieben und tödlich-medizinische Experimente an Häftlingen durchzuführen – das alles ist derselben Person möglich. Buchenwald liegt bei Weimar.
Nicht wissen zu sollen, was man wissen konnte und aus dem verweigerten oder verdrängten Wissen sich kein Gewissen machen zu lassen; nicht aufeinander zu beziehen, was im Interesse des ganzen Lebens und des Lebens aller aufeinander bezogen werden muß, das sind Abwehrmechanismen, über die alle Menschen zu allen Zeiten verfügen können. Was überall und jederzeit möglich ist, wurde im Deutschland der Nazizeit Wirklichkeit.
Eine große Koalition totaler Staatsmacht und die ihr entsprechenden Ängste und Anpassungen erfaßte die Menschen. Gleichzeitig formten die negativen, überlieferten Einstellungen gegenüber den Juden eine gemeinsame Grundströmung aller Volksschichten – bis auf die wenigen Ausnahmen des Widerstandes, der Lebensrettung und der Emigration[11].
Auf der einen Seite gilt: Hat sich eine Diktatur eingerichtet und gefestigt, ohne auf nennenswerten Einspruch des In- und Auslandes zu stoßen (und diese »positive« Erfahrung

machte das Nazi-Reich), dann ist Widerstand nur in den Zentren der Macht möglich, Hilfe nur in konkreten Einzelfällen.
Auf der anderen Seite sind die Traditionen von Fürbitt-Gottesdiensten, passivem Widerstand, Streik, Boykott, Gegengewalt von unten, Schweigemärschen, solidarischem Fasten zu Gunsten der Juden nicht erprobt worden. Die Vorbilder dazu lebten nicht im christlichen Abendland. Das Instrumentarium politischer Aktionen blieb so schmal wie die in den Kirchen und in der Gesellschaft ungeliebte politische Ethik und die Solidarität mit einer bedrohten Gruppe.
Die Verachtung der parlamentarischen Demokratie hatte bis in die Weimarer Republik hinein in den gesellschaftlichen Großorganisationen wie Militär, Hochschule, Kirche, Wirtschaft und Justiz entscheidenden Rückhalt. Die Menschenrechte wurden wie die Toleranz den liberalistischen Traditionen der französischen und amerikanischen Revolution zugerechnet und entsprechend verachtet. Der Nationalsozialismus feierte – oft in Verbindung mit einer christlichen Verklärung von Obrigkeit und den ihr genehmen Werten – Triumphe mit den dumpfen Gefühlen deutscher Überlegenheit über andere Völker, Rassen, Kulturen und vor allem gegenüber andersdenkenden, anderslebenden und andersglaubenden Minderheiten.
Die Stricke des Todes wurden von vielen geflochten. Nicht jeder sah, wie tödlich die Stricke wirken sollten. Nicht jeder sah, daß alle Vorurteile und Einstellungen gegenüber Juden, Demokratie, Toleranz, Menschenrechten, Sozialisten oder Slawen untereinander koalitionsfähig waren. Auch die unterschiedlichen Judenfeindschaften, die sich aus der Bibel nährten, die im völkischen oder biologistischen, im wirtschaftlichen oder nationalen Judenhaß gründeten, sie alle waren untereinander zum Bündnis bereit und in der Lage. Der Nationalsozialismus lieferte den Kitt für Vorhandenes, nichts Eigenes. Die wirtschaftlichen Folgen von Inflation und Arbeitslosigkeit, Antikommunismus und Duldung durch das Ausland brachten die Todesmaschine des Nationalsozialismus in Gang.
Die Juden traf als erste der Todesstoß. Die politische und kirchliche Opposition – soweit vorhanden – Bibelforscher, Zigeuner und Geisteskranke folgten. Die Euthanasie-Aktion

wurde von tapferen Christen für die kranken Angehörigen der Christen gestoppt. Eine ähnliche Bewegung für die Juden blieb aus. Warum? Den zerstörten Synagogen folgten die zerstörten Städte Europas und Deutschlands, den ermordeten Juden die Millionen Opfer des Überfalls auf unsere westlichen und östlichen Nachbarn, die Toten des Bombenkrieges und der Flüchtlingstrecks.
Hier ist nicht aufzurechnen, sondern Ursachen und Folgen sind zu untersuchen. Hier steht nicht Auschwitz und Hiroshima, Buchenwald und Dresden, Soweto und Vietnam, Kambodscha und der Archipel Gulag zur Verrechnung oder zum Vergleich an, wer wohl mehr gelitten habe und ab wann man wegen des einen Ereignisses vom anderen nicht mehr zu reden brauche. Auch hier ist von der Würde aller Opfer zu sprechen, daß man sie nicht zu verrechenbaren Größen von Megatoten eines allgemeinen Massenmordes erniedrigt, sondern genau die Gründe und Bedingungen des Sterbens untersucht und genau nach den Chancen des Überlebens und eines neuen Lebens und Zusammenlebens fragt.

III. Wenn Christen über Auschwitz sprechen, sollten sie zuerst etwas tun, was sie Juden gegenüber durch Jahrhunderte zu wenig getan haben: Hinhören, zuhören, nachdenken. Welche Deutungen der Vorgeschichte und der Geschichte des Holocaust versucht das betroffene jüdische Volk?
1. Eine erste Stimme ist Richard L. Rubenstein. Er veröffentlichte 1966 ein Buch »After Auschwitz«[12], »Radikale Theologie und zeitgenössisches Judentum« heißt der Untertitel.
Seine These ist: Gott ist tot, Gott ist gestorben. Auschwitz hat es wie ein Schock an den Tag gebracht. Rubenstein berichtet, wie er sich durch Bilder und Berichte aus den Konzentrationslagern vor das »totale Nichts« gestellt fühlt. Er sieht nur noch einen Abgrund. »Das Problem Gottes und der Vernichtungslager ist das zentrale Problem für eine jüdische Theologie im 20. Jahrhundert«. Jede jüdische Theologie heute müsse sich an diesem Problem messen lassen.
Seine These, Gott sei wirklich in Auschwitz gestorben, erinnert an die Visionen von Friedrich Nietzsche, der in

seinem Buch »Die fröhliche Wissenschaft« jenen tollen Menschen beschreibt, der die Entdeckung macht, daß Gott gestorben sei. Nietzsche schreibt: Nach der Entdeckung des Todes fragt der tolle Mensch: »Irren wir nicht durch ein unendliches Nichts? Haucht uns nicht der leere Raum an? Ist es nicht kälter geworden? Kommt nicht immerfort die Nacht und noch mehr Nacht?. . . Hören wir nichts von dem Lärm der Totengräber, welche Gott begraben? . . . Und wir haben ihn getötet! Wie trösten wir uns, die Mörder aller Mörder? Das Heiligste und Mächtigste, was die Welt besaß, es ist unter unseren Messern verblutet. Wer wischt dies Blut von uns ab?« Und am Ende schreit der tolle Mensch, der die Vision des toten Gottes hat: »Was sind denn diese Kirchen noch, wenn nicht die Grüfte und Grabmäler Gottes?«[13]
Was Nietzsche als Vision sah, wurde für Millionen zur tödlichen oder zur verdrängten Erfahrung. Keine Vision, eine historische Wirklichkeit ist für Rubenstein aufzuarbeiten. Und Rubenstein fragt, was bedeutet es, daß Gott tot ist. Rubenstein ist nicht mißzuverstehen: Die Konzentrationslager werden nicht zum historischen Beweis für Gottes Tod. Rubenstein formuliert eine Position des Unglaubens, die genauso wenig Beweise anführen kann wie ein Glaubensakt. Das Nichts herrscht mitten in unserer Geschichte. Die Weiterexistenz des jüdischen Volkes trotz des Massenmordes, die Erfahrung von physischem und spirituellem Widerstand und Überleben, die Neuerrichtung des Staates Israel, dies alles bleibt außerhalb der Betrachtung von Rubenstein. Rubenstein fürchtet ein Gottes- und Geschichtsverständnis, das legitimieren könnte, was nicht zu rechtfertigen ist. Wenn es ein göttliches Geschichtshandeln gibt, dann hätte Gott auch die Verantwortung für das Geschehen vor und in Auschwitz. Rubenstein berichtet über ein Gespräch mit Propst Grüber in Berlin, mit dem er die Frage nach dem Geschichtshandeln Gottes diskutiert. Grüber zitiert aus Psalm 44: »Um deinetwillen werden wir getötet den ganzen Tag.« Diese wie andere Stellen der Bibel halten an Gottes geschichtlichem Handeln fest, ohne dem Menschen die Verantwortung für die Geschichte zu nehmen.

Rubenstein fürchtet den Hinweis auf Psalm 44 als eine mögliche Deutung, daß Auschwitz als göttliche Strafe zu verstehen sei, eine Interpretation, die er radikal ablehnt[14].

Für Rubenstein ist aber Nihilismus nicht die einzige Konsequenz. Er sagt beeindruckend ehrlich und bescheiden: Wir haben sozusagen nur noch uns selbst. Also kommt es darauf an, die Gemeinden zu sammeln, zu bauen und zu erhalten. Zu den für ihn entmythologisierten Überlieferungen gehört die Überlieferung von der Erwählung Israels zum Opfer.
Rubenstein lehnt mit Recht die Straf-Theorie als ein Interpretationsmuster für das Verständnis von Auschwitz ab. Christen haben hier massiv zuzuhören. Diese »Theorie« ist unter Christen weitverbreitet. Noch 1948 hat der Bruderrat der Bekennenden Kirche u. a. erklärt: »Daß Gottes Gericht in der Verwerfung bis heute nachfolgt, ist Zeichen seiner Langmut. Die Kirche macht sich schuldig, wenn sie Bezeugung dieser Langmut Gottes gegen Israel – aus welchen Gründen auch immer – unterläßt oder sich verbieten läßt. Israel unter dem Gericht ist die unaufhörliche Bestätigung der Wahrheit, Wirklichkeit des göttlichen Wortes und die stete Warnung Gottes an seine Gemeinde.«[15] In einer Gedenkfeier zum 9. November lag 1978 auf jedem Stuhl im Festsaal eine Schrift, die genau diese Theorie wieder verbreitet. 300 000 Exemplare des Heftes »Israel – ein Zeichen Gottes« sind gedruckt. Es spricht sehr freundlich gegenüber dem Staat Israel, um dann in einem Kapitel diese Straf-Theorie zu vertreten: »Doch all' dies Geschehen (von Auschwitz!) hat offensichtlich diesen Hintergrund: Unser Gott straft die Schuld seines Volkes; denn sie haben ja ihren Messias gekreuzigt.«[16]
2. Professor Yehoshua Amir machte in einem Vortrag auf zwei entgegengesetzte Deutungen aufmerksam[17]. Der Rabbiner von Satmar, Joel Teitelbaum, versucht mitten in der Katastrophe zu beurteilen, was vorgeht. Er sagt, was Juden jetzt erleben und erleiden, sei die Strafe für die Sünde des Zionismus. Gott habe es Israel verboten, »das Ende zu erdrängen«. Er zitiert das Hohelied Salomos 2,7: »Ich beschwöre Euch, ihr Töchter Jerusalems, weckt die Liebe nicht auf, bis daß sie es will.« Ein messianischer Staat in Israel, in dem Gottes Weisung oberste Richtschnur ist und von Gott herbeigeführt, verdankt sich nicht menschlicher Aktivität und Politik.
1943 hat, noch in Budapest, Rabbi Teichtel eine entgegengesetzte These veröffentlicht, die in dem Schema Sünde

– Strafe bleibt: Die Verfolgung kam, damit das jüdische Volk den Weg nach Israel endlich finde und gehe. Es sei die Strafe für die Assimilation. Gerade in Deutschland, wo die Assimilation am stärksten gewesen sei, sei auch die Verfolgung am brutalsten Wirklichkeit geworden. Auch diese Einzelstimmen sind zu hören, allerdings nicht, um christliche Strafdeutungen zu rechtfertigen. Es ist eine Sache, eine persönliche Erfahrung des tiefsten Leidens selbst zu deuten. Es ist eine andere Sache, anderen ihr Leiden zu deuten.

3. J. Abraham Heschel, einer der großen zeitgenössischen Lehrer des Judentums, verweist in seinem Buch über die Propheten auf die tiefste Dimension menschlicher Gotteserfahrung: Gott leidet mit. Er ist nicht gleichgültig. In diesem Zusammenhang kann in einem ganz anderen Sinn vom Sterben Gottes gesprochen werden als bei Rubenstein. Häufig wird ein Talmudwort zitiert. »Gott sagt: ›Durch die Tötung selbst eines Verbrechers wird mir ein Geschöpf vernichtet.‹ Wenn Gott sich so wegen des vergossenen Blutes eines Verbrechers bekümmert, wieviel mehr wegen des Blutes der Unschuldigen, der Gerechten?«[18]

Margarete Susman beschwor in ihrem Buch »Das Buch Hiob und das Schicksal des jüdischen Volkes« die Erinnerung an Hiob. Diese Gestalt verdichtete das Erlebnis des Leidens und Sterbens bis zur Grenzerfahrung, in der Gottes und des Menschen Existenz zur Disposition stehen. M. Susman zitiert Franz Kafka: »Es ist keine Widerlegung der Vorahnung einer endgültigen Befreiung, wenn am nächsten Tag die Gefangenschaft noch unverändert bleibt oder gar sich verschärft, oder selbst, wenn ausdrücklich erklärt wird, daß sie niemals aufhören soll. Alles das kann vielmehr notwendige Voraussetzung der endgültigen Befreiung sein.«[19] Die Aporie von Tod und Leben, von Vernichtung und Errettung erlaubt keine platte Schlußfolgerung für eine Sinnfindung in Auschwitz.

4. Eliezer Berkovits hat in seinem Buch »Glaube nach dem Holocaust« einen Überblick über jüdische Interpretationen des Holocaust gegeben. Alle Sinndeutungen scheitern. Man kann nur sagen: Auschwitz ist absolutes Unrecht. Aber um zu verstehen und um zu ermöglichen, daß man darüber spricht – betend oder zweifelnd – und nicht stumm bleiben muß, führt er, wie Martin Buber, der kaum näher über

Auschwitz sprach, den Begriff »Gottesfinsternis« ein, ein Verbergen des Antlitzes Gottes. Gottes Selbstverleugnung *und* Gottes Zuwendung gehören zu seinem unerforschlichen Verhalten. Es gibt die Erfahrung, daß Gott sich selbst zurückzieht. Die Psalmen berichten davon: »Mein Gott, mein Gott, warum hast Du mich verlassen?« Psalm 22 formuliert ebenso realistisch die Erfahrung vieler Generationen wie vieler Positionen des Glaubens – und des Unglaubens. Ebenso oft wird der Prophet Hesekiel zitiert, der ein Feld voller Totengebeine sieht und zugleich das neue Leben (Hes. 37). Diese wechselvolle Erfahrung in der jüdischen Geschichte spielt sich immer wieder ab. Es kommt entscheidend darauf an, so schreibt Berkovits, daß nicht der eine oder der andere Grundzug im Handeln und Verstehen Gottes absolut gesetzt wird[20].

Das hat nun für das Verständnis der Geschichte Konsequenzen, denn es bedeutet, daß beide Linien in der Geschichte des jüdischen Volkes immer wieder nebeneinander gesehen werden müssen. Man kann nicht die jüdische Geschichte als eine Geschichte des Leidens, die konsequent auf Auschwitz zuläuft, schreiben. Es ist auch eine Geschichte des Lebens, der Bewahrung der eigenen Identität und des Widerstandes[21].

Die Neuanfänge vom Exodusgeschehen an bis zum Staat Israel sind genau so charakteristisch für die Geschichte Israels wie die Linie der Bedrohung.

Die Erzählung von Zvi Kolitz »Jossel Rakower spricht zu Gott« beschreibt diese doppelte Lebenslinie Israels im Schlußwort seiner Erzählung ganz deutlich.

5. Es sei noch eine Stimme aus der philosophischen Diskussion zitiert: Emil Fackenheim, jetzt Professor für Philosophie in Ontario in Kanada, am Anfang der Nazizeit als junger Rabbiner in Berlin geweiht[22]. Er möchte eine Aufspaltung Gottes, einen Dualismus im Denken und Reden von Gott, vermeiden. Er bezieht sich auf Martin Buber, wenn er sagt, daß die Begegnung mit Gott und Mensch jetzt und hier immer stattfindet, auch wenn es in diesen Begegnungen Phasen des Schweigens, des Nichtverstehens, des Verbergens gibt. Die Aussage »Gott auch in Auschwitz« bedeutet nicht die Entlastung des Menschen durch eine Belastung Gottes. Im Gegenteil: Gottes Gegenwart in den

Leidenden zeigt die Gott- und Menschenfeindlichkeit der Mörder und Zuschauer von Auschwitz. Hier gibt es nichts zu rechtfertigen, keine Sinngebung und keine Überhöhung des Geschehens ist möglich.
Der Glaube an Gott ist auch von denen, die sich massiv gegen Gott und sein Volk gestellt haben, nicht zerstört worden. Wir dürfen Hitler nicht den posthumen Sieg überlassen, als habe er es doch geschafft, Glaube und Identität der Juden zu zerstören. Auch die, denen in Auschwitz das Leben genommen wurde, haben ihre Würde nicht verloren. Im Gegensatz zu den Mördern, die ihre Würde und Gottebenbildlichkeit durch die Vernichtung von Gottes Ebenbildern aufgaben, gibt es mitten im Massenmord auch die Erfahrung von (individueller und kollektiver) Bewahrung. Fackenheim erinnert an die Erfahrungen der jüdischen Geschichte. Er spricht von Schlüsselereignissen oder »Wurzel«-ereignissen. Dazu gehört der Auszug aus Ägypten. Er ist eine der Urerfahrungen von Gottes befreiendem Handeln. Ein versklavtes Volk steht auf und geht in die Freiheit. Auf dem Sinai empfängt es Weisung zum Leben für sich und für alle Völker. Die Zerstörung des Tempels und das Exil in Babylon, Rückkehr und Diaspora sind weitere Schlüsselerlebnisse. Ein Sinn in der Geschichte und ein Überleben in der Geschichte wird erlebt – auch in Zeiten, in denen sich offensichtlich Unrecht und Sinnlosigkeit bis ins Letzte steigern. Die neue Erfahrung Auschwitz gehört auch zur Kontinuität der Geschichte – gerade als ein einmaliges Ereignis.
Man wird keinen religiösen Sinn in Auschwitz finden, denn jeder Versuch, ihn zu finden, führt zu einer Blasphemie. Es gibt nur die Notwendigkeit und die Möglichkeit einer Antwort auf Auschwitz. Und diese wird von Juden wie von Nichtjuden in der Tat erwartet. Auf Auschwitz zu antworten, auch wenn man in Auschwitz keinen Sinn finden kann, heißt den Satz zu entfalten: Nie wieder. Dieser Auftrag ist in unsere Gegenwart und unser gegenwärtiges Denken und Verhalten als Christen oder Nichtchristen zu übersetzen. Nach Auschwitz ist es für Juden und Nichtjuden schwerer und notwendiger zugleich, an Gott zu glauben, der Menschen schafft und menschlichem Leben einen Sinn gibt. Ich zitiere noch einmal Y. Amir: »Vielleicht könnte dies die Antwort sein, so auf Erden zu leben und so an der Welt zu

arbeiten, daß es den Menschen, den Juden und den Nichtjuden wieder leichter wird, an Gott zu glauben.« Fackenheim zieht die universale Konsequenz aus einer singulären Erfahrung: »Die gebietende Stimme von Auschwitz ist die Stimme eines Gottes, der im Exil ist ... Jude nach Auschwitz zu bleiben, heißt eben nichts anderes als sich den Dämonen von Auschwitz zu widersetzen und gegen sie Zeugnis abzulegen. Das heißt, darauf zu vertrauen, daß diese Dämonen nicht die Oberhand gewinnen werden, können oder dürfen ... mit den Worten eines Redners bei einem Treffen Überlebender von Bergen-Belsen: Der Jude hat ein zweites Sch'ma Israel: Kein zweites Auschwitz, kein zweites Bergen-Belsen, kein zweites Buchenwald – nirgendwo auf der Welt, für niemanden auf der Welt.«[23]

IV. Welche besonderen christlichen Beiträge zur Judenfeindschaft gab es? Einige »christliche« Stränge, die in die tödlichen Stricke für die Juden verwoben wurden, sind zu nennen[24]:
Eine scharfe Abgrenzung zwischen Juden und Christen begleitete den Prozeß der Ausbreitung des Christentums in den ersten Jahrhunderten. Es ist daran zu erinnern, daß die christlichen Gemeinden in den jüdischen Gemeinden entstanden und lebten, daß die Autoren des Neuen Testaments wie die Jünger Jesu und die Apostel selbstverständlich Juden waren. Sie gingen in ihre Synagogen und arbeiteten an der Auslegung der Hebräischen Bibel weiter. Die Abgrenzungen, die anfangs an wechselnden Fronten zustande kamen, gehörten zur lebendigen polemischen Situation, die beispielsweise auch zwischen Jesus und den Pharisäern, zwischen Petrus und Paulus oder zwischen verschiedenen jüdischen Traditionen herrschten. Aber dann geschah in der christlichen Theologie etwas, was der Nazi-Ideologe Alfred Rosenberg z. B. ständig übte: Er benutzte Amos, Jesaia oder Jeremia als Kronzeugen gegen das Judentum. Er sagte, schon in der Bibel könne man die Kritik an den Juden finden. Er verschweigt, daß es Juden sind, die in Selbst- wie in Gotteskritik und in einem »Familienstreit« nach der rechten Auslegung und Praxis des Glaubens fragen. Dabei geht es lebendig, nicht immer zimperlich zu. Ähnlich war der Streit in der jüdisch-christlichen Gemeinde am Anfang.

In der Trennung von Juden und Christen wurde dieser Streit dogmatisiert und festgeschrieben. Zeitgebundene Ausformungen der Wahrheit wurden auf Dauer gestellt.
Wodurch? Rabbiner R. R. Geis hat darauf hingewiesen, daß ein christliches Paktieren mit der Macht mehr zur Trennung zwischen Juden und Christen beigetragen habe als die lehrmäßigen theologischen Unterschiede. Die Gemeinsamkeiten in Fragen der Lehre und des Ethos verbinden Juden und Christen. Juden und Christen wurden anfangs gemeinsam als Atheisten verfolgt, weil sie keine vorzeigbaren Götter und keine goldenen Kälber präsentieren konnten wie jede »anständige« Religion damals. In dem Augenblick, wo dieses Christentum Mehrheits- und Staatsreligion wurde, zerbrachen die Gemeinsamkeiten mit den Juden. Isolierung und Diskriminierung, unterbrochen von Phasen der Freundlichkeit, waren die Folge. Christliche Lehre wurde häufiger abgrenzend als einladend verkündet und gelebt.
Im dogmatischen Denken findet sich ein prinzipiell anderes Verständnis, die Wahrheit Gottes und die Offenbarung auszulegen, als im Judentum. Die Bibel ist eine Bibliothek von Büchern, die ihre Wahrheit in unterschiedliche Situationen und in verschiedenen Sprachen auslegt. Der Talmud ist ein riesenhaftes Protokoll einer lebhaften Diskussion mit langweiligen und witzigen, tiefsinnigen und oberflächlichen Stellen. Da werden über tausend Diskussionspartner und Gesprächsteilnehmer mit Namen genannt. Es wird nicht gesagt: »Jüdische Lehre ist ...« Es wird kein Dogma formuliert, sondern es gibt z. B. den radikalen Schammai und den milden Hillel, den radikalen und den vorsichtigen Ausleger der biblischen Tradition.
In der christlichen Tradition aber werden – den Gründen nachzugehen ist jetzt nicht der Ort – Dogmen formuliert, die Abgrenzungsmechanismen in Kraft setzen oder begründen, die automatisch Ketzer und Ungläubige produzieren und vor allem greifbar machen. Der offene Diskussionsprozeß wird häufiger geschlossen als eröffnet. Drinnen und draußen, wahr und unwahr sind dann Platzanweisungen für Sätze und für Menschen, die in vielen Zeiten über Tod und Leben entscheiden. Derartige Denk- und Verhaltensstrukturen blieben kein christliches Vorrecht.
Folgenreich wurde, daß das jüdische Volk nicht als Chri-

stusbringer, wie Paulus im Römerbrief (9–11) betont, sondern als Christusmörder, wie ebenfalls Paulus in der Übernahme vorchristlicher Judenfeindschaft (1. Thess. 2,14) schreibt, angesehen wurde. Die Christen haben sich für *eine* Aussage der Schrift zu entscheiden. Sie sollten die biblische Tradition wählen, die heilvolles Leben bedeutet. Die Todesfolgen der anderen sind bekannt. In der Auslegung der Heiligen Schrift ist nicht nur nach dem Sitz im Leben jeder biblischen Aussage in der Zeit ihrer Entstehung zu fragen. Zur sachgerechten Bibelauslegung gehört auch die Frage nach dem Sitz im Leben heute. Ein Vorwurf an die Juden, Jesus und die Propheten getötet, uns vertrieben zu haben und gegen alle Menschen feindselig zu sein (so 1. Thess. 2,14 f), hat seinen Sitz im Leben und Sterben von Auschwitz. Das theologische und umgangssprachliche Abtun des Judentums als gesetzlich, starr oder ethisch überholt, lebt von der Unkenntnis des Judentums, der Idealisierung des Christentums und der Angst um die eigene Identität.
Zum christlichen Vorwurf gegenüber den Juden, Jesus ans Kreuz gebracht zu haben, ist historisch anzumerken, daß die Kreuzigung eine römische Todesart war, daß ein Römer auch das Urteil ausgesprochen und vollstreckt hat. Theologisch ist zu sagen, daß es eine Verantwortung aller Menschen am Tode Jesu gibt, und auf keinen Fall darf eine Zuschreibung der Schuld auf ein Volk für alle Zeiten erfolgen. Unterricht und Predigt zur Passion Jesu haben sorgfältig zu sprechen.
Ein letztes Element christlicher Judenfeindschaft findet sich in einem christlichen Geschichtsverständnis, das davon spricht, mit Jesus sei das Ende der Geschichte herbeigekommen. Die ersten Christen hatten wirklich gehofft und geglaubt, zu ihren Lebzeiten noch das Ende der Geschichte zu erleben. Als dieses Ende nicht eintraf, hat man aber für das Volk der Juden die Geschichte trotzdem geschlossen. Die Christen dagegen setzten die Geschichte noch fort – für sich. Sie sprachen von der Wiederkunft Christi und der Erneuerung der Welt. Die Juden waren aus dieser Geschichte herausgefallen. In einer Art von historischem Materialismus zeigte man auf den zerstörten Jerusalemer Tempel des Jahres 70 n. Chr. Er wird zum Beweis für das Ende der Geschichte Israels.

Der jüdischen Anfrage, ob denn die biblischen Hoffnungen auf das Reich Gottes in Frieden und Gerechtigkeit, ob die Erneuerung von Himmel und Erde denn im Auftreten Jesu von Nazareth und im Entstehen der Kirche schon Wirklichkeit geworden seien, entzogen sich die Christen allzu oft in einem historischen Spiritualismus, der die Verwirklichung und Glaubwürdigkeit des Christentums gerade nicht in den irdischen und menschlichen Realitäten suchte, sondern nur im Jenseits der Todesgrenze oder im Innern des Menschen. Die Christen empfanden das jüdische Nein, das nicht der Person Jesu von Nazareth galt, sondern dem Glauben, daß in ihm die in vielen Gestalten der Hoffnung erwartete Realisierung des Reiches Gottes angebrochen sei, als einen Ausdruck jüdischer Verstockung und nicht als eine innerbiblische Kritik und Anfrage.[25] Darum mußte oft eine triumphalistisch verstandene Christologie in der Theorie das leisten, was die Wirklichkeit keineswegs immer zeigte: Die Glaubwürdigkeit des christlichen Glaubens. Es ist nicht möglich, aus dem faktischen Verlauf der Geschichte, die die Christen Macht und die Juden Ohnmacht erfahren ließ, den Beweis für die Wahrheit der Großkirche gegenüber Juden (und Ketzern!) herauszulesen. Die Hoffnung auf die Ankunft des Messias und auf die Erneuerung von Himmel und Erde verbindet Juden und Christen. Beide sind unterwegs.
Vielleicht hilft dieses Lesebuch, das aus der Arbeit der Arbeitsgemeinschaft Juden und Christen beim Deutschen Evangelischen Kirchentag[26] seit 1961 herausgewachsen ist, ein Stück weit, die Weggenossen besser kennenzulernen, Irrwege zu vermeiden und den Weg in die Zukunft nicht nur gemeinsam, sondern auch in einem intensiveren Dienst der Liebe, der Gerechtigkeit und Befreiung für viele Menschen zu gehen.

Anmerkungen:

1. E. Wiesel, Night, New York 1969.
2. P. Celan, Die Niemandsrose, Gedichte, 2. Aufl. Frankfurt 1964, 88.
3. N. Sachs, Das Leiden Israels, Frankfurt 1964, 129.
4. A. Goes, Das Brandopfer, Frankfurt 1954, 7.
5. B. Bettelheim, Holocaust. Überlegungen ein Menschenalter danach, in: Der Monat, Heft 2, Dezember 1978, 11 f.

6. Das Wannseeprotokoll, in: W. Hofer (Hg.), Der Nationalsozialismus, Frankfurt 1957, 303 f.
7. W. Hofer, aaO., 227.
8. I. Trunk, Judenrat: The Jewish Council in Eastern Europe under Nazi Occupation, New York 1978, macht das durch Hannah Arendt (Eichmann in Jerusalem. Ein Bericht von der Banalität des Bösen, München 1964) kritisch beschriebene ethische Dilemma deutlich.
9. G. Green, Holocaust, Bayreuth 1979.
10. J. Borkin, IG Farben, New York 1978.
11. H. D. Leuner, Als Mitleid ein Verbrechen war. Deutschlands stille Helden, Wiesbaden 1967; Adolf Freudenberg (Hg.), Rettet sie doch!, Zürich 1969.
12. R. L. Rubenstein, After Auschwitz. Radical Theology and Contemporary Judaism, Indianapolis 1966.
13. F. Nietzsche, Die fröhliche Wissenschaft, in: Werke Bd. 2, München 1955, 126 f.
14. R. L. Rubenstein, aaO., 57.
15. J. Beckmann (Hg.), Kichliches Jahrbuch für die Evangelische Kirche in Deutschland 1945–1948, Gütersloh 1950, 225.
16. Ev. Landeskirchliche Volks- und Schriftenmission, Lemgo o. J., 7.
17. Vortrag am 4. 11. 1978 vor der Kreissynode Essen.
18. J. Abraham Heschel, The Prophets, Philadelphia 1962.
19. M. Susman, Das Buch Hiob und das Schicksal des jüdischen Volkes, Freiburg 1968, 238.
20. E. Berkovits, Faith after the Holocaust, New York 1973, 94 u. 128. Eine genaue Analyse jüdischer und christlicher Autoren liegt vor in: E. Fleischner (Hg.), Auschwitz – Beginning of a New Era? Reflections on the Holocaust, New York 1974. Außerdem: N. P. Levinson, Das Holocaust und seine Lehren heute, in: Freiburger Rundbrief, Bd. 101/104, Freiburg 1975, 24 f.
21. L. Eckman/Ch. Lazar, The Jewish Resistance, New York 1970.
22. E. Fackenheim, God's Presence in History. Jewish Affirmations and Philosophical Reflections, New York 1970.
23. Zitiert nach: Als die Synagogen brannten. Zwei Arbeitshefte aus der DDR, hg. von der Ev. Kirche der Kirchenprovinz Sachsen, epd-Dokumentation 45/46, Frankfurt Okt. 1978, 29.
24. Rosemary Ruether, Nächstenliebe und Brudermord: Die theologischen Wurzeln des Antisemitismus, München 1978. Vgl. auch die EKD-Studie Christen und Juden (hg. vom Rat der EKD Gütersloh 1975), zu der 1979 (hg. von R. Rendtorff) ein Arbeitsbuch im Verlag G. Mohn, Gütersloh, erscheint.
25. F.-W. Marquardt, »Feinde um unsretwillen«. Das jüdische Nein und die christliche Theologie. In: Treue zur Thora. Beiträge zur Mitte des christlich-jüdischen Gesprächs. Festschrift für Günther Harder zum 75. Geburtstag. Hg. von Peter von der Osten-Sacken, Berlin 1977.

26. Über die Arbeit der Arbeitsgemeinschaft Juden und Christen beim Deutschen Evangelischen Kirchentag informieren:
   a) D. Goldschmidt / H. J. Kraus (Hg.), Der ungekündigte Bund. Neue Begegnung von Juden und christlicher Gemeinde, 2. Aufl. Stuttgart 1963.
   b) H. Gollwitzer / E. Sterling (Hg.), Das gespaltene Gottesvolk, Stuttgart/Berlin 1966.
   c) Juden und Christen im Dienst für den Frieden, Stuttgart/Berlin 1967 (Kirchentag Hannover 1967).
   d) Gerechtigkeit in Nahost. Juden, Christen, Araber, Stuttgart 1969 (Kirchentag Stuttgart 1969).
   e) P. v. d. Osten-Sacken / M. Stöhr (Hg.), Wegweisung. Jüdische und christliche Bibelarbeiten und Vorträge, Berlin 1978 (Kirchentag Berlin 1977).

Hinweise auf Quellen und Literatur

10 Das Motto findet sich in Karl Barth: *Kirchliche Dogmatik.* Bd. III, 3. Zürich 1950, 247 f.

10 Martin Luther: *Daß Jesus Christus ein geborener Jude sei* (1523). Ausgewählte Werke, Erg. Bd. 3. München 1938, 2 f.

10 Eleonore Sterling: *Er ist wie du.* Frühgeschichte des Antisemitismus. München 1956, 183 f.
Die Badische Kammer gab diese Erklärungen nach Judenpogromen im Odenwald.

11 Rudolf Pfisterer (Hg.): *Von A bis Z. Quellen zu Fragen um Juden und Christen.* Gladbeck 1971, 25.

12 *Material zur Darstellung des Antisemitismus im Unterricht.* Hg. von der Niedersächsischen Landeszentrale für politische Bildung. Hannover 1978 (Anhang).

13 Leopold Klotz (Hg.): *Die Kirche und das dritte Reich* – Fragen und Forderungen Deutscher Theologen. Gotha 1932, 95 f.

13 Dietrich Bonhoeffer: *Die Kirche vor der Judenfrage* 1933. Aus: Gesammelte Werke Bd. II. München 1959, 48 f.

14 Denkschrift der 2. Vorläufigen Kirchenleitung an den Führer 1936. Aus: Karl Kupisch (Hg.): *Quellen zur Geschichte des deutschen Protestantismus 1871–1945.* Siebenstern Dokumente Bd. 41/42. München/Hamburg 1965, 298.

15 Pius XI. am 6. 9. 1938 vor belgischen Pilgern. Aus: Pinchas E. Lapide: *Rom und die Juden.* Freiburg 1966, 71.

15 Pfarrer Julius von Jan in seiner Bußtagspredigt (über Jer. 22,29) in Oberlenningen 1938. Aus: *Die Nacht, in der die Synagogen brannten.* Hg. von der Landeszentrale für Pol. Bildung Baden-Württemberg 1978, 65 f.

16 Pfarrer Dr. Helmut Gollwitzer in seiner Bußtagspredigt am 16. 11. 1938 in Berlin-Dahlem (über Luk.3,3–14). Aus: *Zuspruch und Anspruch.* München 1954, 367 f.

17 Brief von Landesbischof D. Theophil Wurm an die Reichsregierung vom Dezember 1943. Aus: *Die Ev. Kirche in Deutschland und die Judenfrage.* Ausgewählte Dokumente aus den Jahren des Kirchenkampfes 1933–1943. Hg. vom Flüchtlingsdienst des Ökumenischen Rates der Kirchen. Genf 1945, 193 f.

18 R. Pfisterer a. a. O. 13.

18 Material (A I 4), 49 f.

18 *Von den Juden und ihren Lügen* (1543). Ausgewählte Werke, Erg. Bd. 3. München 1938, 189 ff.

20 R. Pfisterer a. a. O. 32.

20 *Die Positivität der christlichen Religion* (Neufassung 1800). Aus: G. W. F. Hegel: Werke, Bd. 1. Suhrkamp Verlag. Frankfurt 1971, 226 f.

22 Gottlieb Fichte: *Evangelium der Freiheit.* Jena 1914, 200 ff.

23 *Zur Judenfrage* (1843). Aus: Karl Marx: Die Frühschriften (hg. von S. Landshut). Stuttgart 1953, 201 f und 207.

25 Harry Pross (Hg.): *Die Zerstörung der deutschen Politik. Dokumente 1871–1933.* Fischer-TB 264. Frankfurt 1959, 247 ff.

25 Walter Boehlich (Hg.): *Der Berliner Antisemitismusstreit.* Frankfurt 1965, 111.

26 Carl Schmitt: Staat, Bewegung, Volk. Die Dreigliederung der politischen Einheit (1933). Aus: Walther Hofer (Hg.): *Der Nationalsozialismus. Dokumente 1933–1945,* Fischer-TB 172. Frankfurt 1957, 102 f.

27 Erklärung der Lutherischen Bischofskonferenz am 14. Mai 1933 in Würzburg. Aus: Karl Kupisch a. a. O. 293.

27 Rede des Nobelpreisträgers für Physik zur 550-Jahr-Feier der Universität Leipzig. Aus: W. Hofer a. a. O. 102.

28 Der spätere Papst Pius XII. Aus: Friedrich Heer: *Der Glaube des Adolf Hitler.* München 1968, 558.

28 Der Biologe Prof. Dr. Viktor Franz 1935 in einem Aufsatz: »Die Vervollkommnung des deutschen Wesens«. Aus: Léon Poliakov (Hg.): *Das Dritte Reich und seine Denker.* Berlin 1959, 425 f.

30 Aus: Uriel Tal: *»Political Faith« of Nazism Prior to the Holocaust.* Annual Lecture of the Jacob M. and Shoshana Schreiber Chair of Contemporary Jewish History. Tel Aviv 1978, 21.

31 Das Motto von Alfred Kerr findet sich in: Manfred Schlösser (Hg.): *An den Wind geschrieben. Lyrik der Freiheit 1933–1945.* Agora Verlag, Darmstadt. dtv Sonderreihe Bd. 7. München 1962, 35.

31 H. Glaser / H. Straube (Hg.): *Wohnungen des Todes – Jüdisches Schicksal im Dritten Reich.* Bamberg 1961, 8–12.

38 W. Hofer a. a. O. 284.

38 Martin Broszat (Hg.): *Kommandant in Auschwitz.* Autobiographische Aufzeichnungen des Rudolf Höß. © Deutsche Verlags-Anstalt, Stuttgart. dtv-TB 114, 25.

39 H. G. Adler: *Der verwaltete Mensch.* Studien zur Deportation der Juden aus Deutschland. J. C. B. Mohr (Paul Siebeck) Tübingen 1974, XXIX.

40 Martin Buber: *Der Jude und sein Judentum.* Lambert Schneider Verlag. Köln 1963, 583 ff.

43 Aus: Ernst Toller: Gesammelte Werke, Bd. 4 – *Eine Jugend in Deutschland.* © Carl Hanser Verlag München. rororo-TB 4178, 7–10.

48 Heinrich Mann: *Die Deutschen und ihre Juden* (1936). Aus: Politische Essays. Aufbau Verlag, Berlin/Weimar, 146 ff.

51 Aktennotiz aus den Handakten von Karl Kimmich, Vorstandsmitglied der Deutschen Bank, vom 25. Juli 1938 über »Arisierungs«-Ge-

schäfte der Deutschen Bank. Aus: Reinhard Kühnl: *Der deutsche Faschismus in Quellen und Dokumenten.* Köln 1978, 3. Auflage, 278.

51 Kommandant in Auschwitz, a. a. O.

53 M. Schlösser a. a. O. 28.

54 M. Schlösser a. a. O. 28.

54 Von Michel R. Lang zur Verfügung gestellt.

57 Jochen Klepper: *Unter dem Schatten deiner Flügel.* Aus den Tagebüchern der Jahre 1932–1942. Deutsche Verlags-Anstalt, Stuttgart 1956, 674 ff.

59 Maria Mathi: *Wenn nur der Sperber nicht kommt.* Gütersloher Verlagshaus Gerd Mohn. Gütersloh 1955, 23 ff.

61 Saarbrücker Zeitung vom 11. 11. 1938, 3.

61 Reinhold Schneider: *Verhüllter Tag.* J. Hegner Verlag. Köln/Olten 1954, 155.

63 E. Rosenfeld / G. Luckner (Hg.): *Lebenszeichen aus Piaski.* Briefe Deportierter aus dem Distrikt Lublin 1940–1943. Biederstein-Verlag. München 1968, 27 ff.

66 Lucie Adelsberger: *Auschwitz – ein Tatsachenbericht.* Berlin 1956, 32 ff.

70 Das Kindergedicht (1944 von Ruth Klüger in Auschwitz geschrieben) findet sich bei M. Schlösser a. a. O. 74.

70 Tadeusz Borowski: *Die steinerne Welt.* Erzählungen. Deutsch von Verena Cerny. Nachwort von Andrzey Wirth. Piper Verlag München. dtv-TB 673, 142–155.

84 W. Hofer a. a. O. 113 f.

84 M. Schlösser a. a. O. 124.

86 Das Motto ist einem Lied von Mordechaj Gebirtig, der 1942 im Ghetto von Krakau ermordet wurde, entnommen. Das Lied »Es brennt« wurde zum Lied der jüdischen Widerstandsbewegungen Polens. Aus: Lin Jaldati / Eberhard Rebling (Hg.): *Es brennt, Brüder, es brennt.* Deutsch von Heinz Kahlau. Berlin 1966, 149 ff.

86 Jean Améry: *Jenseits von Schuld und Sühne.* Bewältigungsversuche eines Überwältigten. Klett-Cotta, 1977.

87 H. G. Adler: *Theresienstadt 1941–1945.* Das Antlitz einer Zwangsgemeinschaft. 2. Auflage. J. C. B. Mohr (Paul Siebeck) Tübingen 1960, Zitat 1: S. 584, Zitat 2: 585, Zitat 3: 585, Zitat 4: 612 f.

89 Bernhard Goldstein: *Die Sterne sind Zeugen – Der Untergang der polnischen Juden.* dtv-Dokumente 262, München 1965, 75 ff.

93 *Es gibt keinen jüdischen Wohnbezirk in Warschau mehr* (Stroop-Bericht). Sammlung Luchterhand. Neuwied 1976, 103.

94 Eugen Kogon: *Der SS-Staat.* Frankfurt 1960, 333 ff.

96 *Tatsachen über Israel.* Hg. von der Informationsabteilung des Außenministeriums Jerusalem 1974, 40 f.

102 Das Motto stammt aus dem Privatdruck *Lagebericht.* Gedichte und Lieder von Volker v. Törne und Christoph Heubener. Berlin o. J., 5.

102 Paul Celan: *Todesfuge.* Aus: Ausgewählte Gedichte. es 262, Suhrkamp Verlag, Frankfurt 1975, 18 f.
104 Horst Bingel (Hg.): *Zeitgedichte.* Deutsche politische Lyrik seit 1945. R. Piper Verlag, München 1963, 96.
104 A. a. O. 39 f.
105 Johannes Bobrowski: *Der Mahner.* Erzählungen und andere Prosa aus dem Nachlaß. Klaus Wagenbach Verlag, Berlin 1972, 61 f.
107 Das Motto stammt aus einem 1943 in Theresienstadt geschriebenen Gedicht eines Vetters von Franz Kafka, Georg Kafka. Es trägt den Titel »Totengebet«. Veröffentlicht in: M. Schlösser a. a. O. 128 f.
107 Zvi Kolitz: *Jossel Rackower spricht zu Gott.* Aus: Almanach 2 für Literatur und Theologie. Hg. von Dorothee Sölle, Wolfgang Fietkau, Arnim Juhre und Kurt Marti, Peter Hammer Verlag. Wuppertal 1968, 19 ff.
118 Aus: Abraham Joshua Heschel: *The Insecurity of Freedom.* New York 1972, 179 ff. Aus dem Amerikanischen übersetzt von Ulrike Berger.
123 Die Liturgie für einen christlichen Iom-HaShoah-Gottesdienst, aus dem Amerikanischen übersetzt von Ulrike Berger, stammt aus: Franklin H. Littell: *The Crucifixion of the Jews.* New York 1975. Deutsch: Die Kreuzigung der Juden, 1979 im Chr. Kaiser Verlag München.
123 Albert H. Friedlander (Hg.): *Out of the Whirlwind: A Reader of Holocaust Literature.* New York 1968, 11 f.
124 Chaim A. Kaplan: Scroll of Agony, in: A. H. Friedlander a. a. O. 189.
125 Hana Volavkova (Hg.): *I Never Saw Another Butterfly.* New York 1964. Deutsch in: M. Schlösser a. a. O. 81.
126 Viktor Frankl: *Man's Search for Meaning.* Boston 1963, 47 f, 83.
127 Ernst Pawel: Dia-Ton-Reihe »Writings of the Nazi Holocaust«. Hg. von Anti-Defamation League New York, Begleitheft, 10 f.
128 Elie Wiesel: *Night.* New York 1969, 44.
128 A. a. O. 75 f.
129 Nelly Sachs: *Die Leiden Israels.* Frankfurt 1965, 71.
130 Alexander Donat, in: A. H. Friedlander a. a. O. 57 f.
131 André Schwarz-Bart: *Der Letzte der Gerechten.* Berlin 1963, 368–370.
133 Nelly Sachs a. a. O. 95 f.
134 David Polish, in: *High Holy Day Prayerbook,* New York 1948, Bd. II, 404 f.
137 Das Motto findet sich in: Robert Raphael Geis: Gottes Minorität. München 1971, 237 f.
137 Der Text enthält Auszüge aus Th. W. Adornos Vortrag (1959) vor einer Pädagogen-Konferenz der Gesellschaften für christlich-jüdische Zusammenarbeit, unter dem Titel: Was bedeutet: *Aufarbeitung der*

Vergangenheit? (gekürzt). Erschienen in: Eingriffe. Neun kritische Modelle. es 10, Suhrkamp Verlag. Frankfurt 1963, 125 ff.

144 Dietrich Goldschmidt / Hans-Joachim Kraus (Hg. im Auftrag der Arbeitsgemeinschaft Juden und Christen beim Deutschen Ev. Kirchentag): *Der ungekündigte Bund.* Neue Begegnung von Juden und christlicher Gemeinde. Stuttgart 1962, 123 ff.

145 Helmut Gollwitzer / Eleonore Sterling (Hg. im Auftrag der Arbeitsgemeinschaft Juden und Christen beim Deutschen Ev. Kirchentag): *Das gespaltene Gottesvolk.* Stuttgart 1966, 284–287.

150 Jürgen Moltmann: *Der gekreuzigte Gott.* München 1972, 262 f.

152 Abschlußthesen aus Eberhard Bethge: Adolf Stoecker und der Kirchliche Antisemitismus. In: Deutscher Evangelischer Kirchentag. Berlin 1977. Dokumente. Stuttgart 1977, 606 ff.

Kaiser Traktate

1 *Dietrich Bonhoeffer. Treue zur Welt.* Meditationen. Ausgewählt und eingeführt von Otto Dudzus.
2. Auflage

2 *Jürgen Moltmann. Die ersten Freigelassenen der Schöpfung.* Versuche über die Freude an der Freiheit und das Wohlgefallen am Spiel. 5. Auflage

3 *Dietrich Bonhoeffer. Das Wesen der Kirche.* Aus Hörernachschriften zusammengestellt und hrsg. von Otto Dudzus.

4 *Johann Christoph Hampe. Ehre und Elend der Aufklärung gestern wie heute.* Ein engagierter Vergleich.

5 *Hans Walter Wolff. Menschliches.* Vier Reden über das Herz, den Ruhetag, die Ehe und den Tod im Alten Testament.

6 *Gerhard von Rad. Das Opfer des Abraham.* Mit Texten von Luther, Kierkegaard, Kolakowski und Bildern von Rembrandt. 2. Auflage

7 *Johan Marie de Jong. Die Zukunft hat Vorrang.* Über den Glauben im technokratischen Zeitalter. Kommentiert von Klaus-Peter Jörns. Aus dem Niederländischen von Ulrich Kabitz.

8 *Helmut Gollwitzer. Erfahrungen mit Weihnachten.*
4. Auflage

9 *Hildegunde Wöller. Die getaufte Revolution.* Mythos aus dem Underground.

10 *Heinz Beckmann. Ich habe keinen Gott.* Ernst Barlachs religiöse Provokation.

Kaiser Traktate

11 *Helmut Gollwitzer. Ich frage nach dem Sinn des Lebens.* 4. Auflage

12 *Ernst Eggimann. Meditation mit offenen Augen.* 4. Auflage

13 *Walter Dirks. Weihnachts-Konsequenzen.* 2. Auflage

14 *Karl Barth. Gebete.* 5. Auflage

15 *Fritz Riemann. Die schizoide Gesellschaft.*

16 *Manifeste der Hoffnung.* Zeugnisse, Dokumente, Modelle aus sechs Kontinenten. Hrsg. von Jürgen Moltmann.

17 *Jürgen Moltmann. Gott kommt und der Mensch wird frei.* Reden und Thesen.

18 *Jürgen Moltmann. Im Gespräch mit Ernst Bloch.*

19 *Christian Troebst. Gebete aus der Provinz.*

20 *Dietrich Bonhoeffer. Von guten Mächten.* 2. Auflage

21 *Walter Dirks. Alte Wörter.* Vier Kapitel zur Sprache der Frömmigkeit.

22 *Eberhard Jüngel. Von Zeit zu Zeit.* Betrachtungen zu den Festzeiten im Kirchenjahr.

23 *Eberhard Jüngel. Anfechtung und Gewißheit des Glaubens oder wie die Kirche wieder zu ihrer Sache kommt.* Zwei Vorträge.

24 *Gerhard Marcel Martin. Hautnah Amerika.* Profane und religiöse Erfahrungen.

25 *Elisabeth Moltmann-Wendel. Freiheit – Gleichheit – Schwesterlichkeit.* Zur Emanzipation der Frau in Kirche und Gesellschaft. 2. Auflage

26 *Günter Altner. Das Kreuz dieser Zeit.* Von den Aufgaben des Christen im Streit um die Kernenergie.

27 *Helmut Gollwitzer. Nachrufe.*

28 *Hans Frör. Ich will von Gott erzählen wie von einem Menschen, den ich liebe.* 2. Auflage

29 *Helmut Gollwitzer. Das hohe Lied der Liebe.* 3. Auflage

30 *Eberhard Jüngel. Zur Freiheit eines Christenmenschen.* Eine Erinnerung an Luthers Schrift.

31 *Walter J. Hollenweger. Konflikt in Korinth. Memoiren eines alten Mannes.* Zwei narrative Exegesen zu 1. Korinther 12–14 und Ezechiel 37.

32 *Hans Häselbarth. Lebenszeichen aus Afrika.* Erfahrungen in Briefen.

33 *Gebete für mein Dorf.* Aus dem Französischen von Ulrich Kabitz. 4. Auflage

34 *Christof Bäumler / Jörg Baur / Georg Kretschmar / Peter Krusche. Gottes Stadt und unsere Städte.* Die urbane Herausforderung des Christentums. Vier Reden.

Kaiser Traktate

35 *Raymond Mengus. Wirkungen.* Gespräche über Dietrich Bonhoeffer mit Eberhard Bethge, Gerhard Ebeling, Helmut Gollwitzer und Willem A. Visser't Hooft. Aus dem Französischen von Rita Renoulet-Rebel.

36 *Krister Stendahl. Der Jude Paulus und wir Heiden.* Anfragen an das abendländische Christentum. Aus dem Englischen von Ulrike Berger. Mit einem Vorwort der Übersetzerin.

37 *Alexander Carmichael. Das Kreuz in der Sonne.* Altkeltische Sprüche und Gebete. Mit einer Einführung von Ulrich Kabitz. Aus dem Englischen von Marianne Czygan und Ulrich Kabitz.

38 *Eberhard Jüngel. Reden für die Stadt.* Zum Verhältnis von Christengemeinde und Bürgergemeinde.

39 *Pinchas Lapide / Jürgen Moltmann. Jüdischer Monotheismus – christliche Trinitätslehre.* Ein Gespräch.

40 *Horst Schwebel (Hg.). Glaubwürdig.* Fünf Gespräche über heutige Kunst und Religion mit Joseph Beuys, Heinrich Böll, Herbert Falken, Kurt Marti und Dieter Wellershoff.

41 *Walter Dirks. Das Vertraute und das Vertrauen.* Über zwei Stufen christlichen Lebens.

42 *Michel Bouttier. Wenn die Nacht zu Ende geht.* Aus dem Tagebuch eines Theologen. Aus dem Französischen von Rita Renoulet-Rebel.

43 *Martin Stöhr (Hg.) Erinnern – nicht vergessen.*

44 *Helmut Gollwitzer. Jesu Tod und Auferstehung.* 6. Auflage